発掘写真で訪ねる

都電が走った東京アルバム

【第6巻】
（23系統〜28系統）

三好好三

丸の内の旧・銀行協会ビルの前を日比谷に向う㉕系統の1200形
和田倉門に近い銀行協会ビル（旧・東京銀行集会所）は1916（大正5）年の竣工で、赤煉瓦の尖塔付き2階建てのビルが美しかった。現在は高層ビルに改築されているが、一部に旧館のイメージが生かされている。奥が神田橋方向、手前背後が日比谷方向で、左手奥には内濠が続く。電車は小型の1200形（車体延長車1500形の原型）。日比谷通りの代表的な車両で、自系統や他系統の4000、6000、7000、8000形に伍して日比谷通りを彩っていた。◎大手町　1960（昭和35）年10月　撮影：小川峯生

.....Contents

業平橋停留場で行違う㉓系統月島行きの6000形（右）と、㉔系統福神橋行きの6000形（左）

画面左奥に北十間川を渡る「東武橋」があり、渡ると東武鉄道本社と東武伊勢崎線の業平橋駅があった。業平橋駅は東武の旧・浅草駅で、1924～31（大正13～昭和6）年の間、市電の業平橋～浅草駅（業平橋駅）の間に浅草方向から分岐する支線もあったが、東武が現・浅草駅に延長した際に廃止となった。東武の業平橋駅に隣接して東武鉄道本社ビルがあり、その東側に広がる貨物駅を再開発して2012（平成24）年2月29日に開業したのが高さ634mという世界最高（当時）の電波塔・観光・商業施設「東京スカイツリー」である。ここが東武鉄道・東武グループの中核地点となっただけでなく、東武伊勢崎線の浅草・押上～東武動物公園間も愛称名が「東武スカイツリーライン」となり、業平橋駅は「とうきょうスカイツリー」駅と改称された。写真はそのような大変革の予想さえつかなかった時代の寸描だが、スカイツリー周辺には下町情緒を残す街並みが今も健在である。なお、撤去された市電（都電）の業平橋支線は、その終点からさらに言問通りに出て言問橋を渡り、鶯谷駅に至る長い未成線の境界縁石が路上に埋め込まれていた。電車は実現しなかったが、代りにその大部分はトロリーバス〔101〕系統（上野公園～今井）の経路となった。◎業平橋　1969（昭和44）年8月9日　撮影：荻原二郎

日比谷付近（昭和12年）

陸軍参謀本部陸地測量部発行「1/10000地形図」

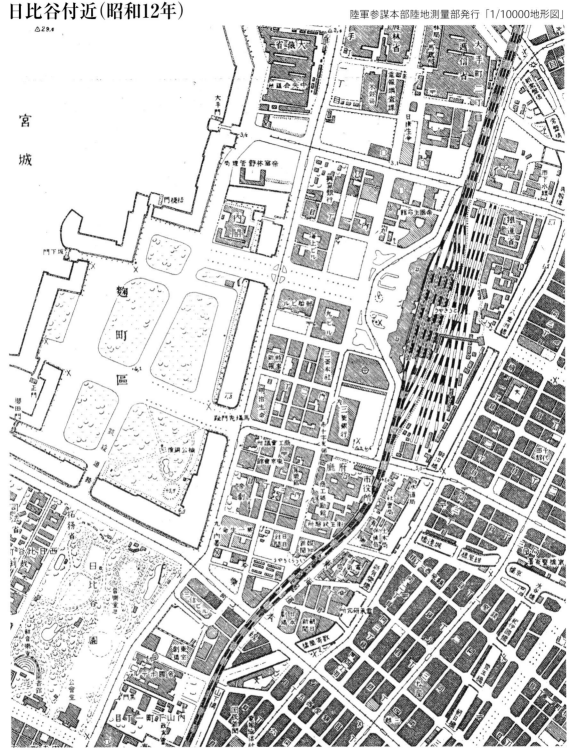

日比谷、丸の内に残っていた市電（都電）の遺跡

❶日比谷交差点の南側、三信ビル南側、日比谷映画劇場前に市電（都電）の引込み線があり、戦後は㉕系統（西荒川〜日比谷公園）が折返しに使っていた。昭和初期の再開発時に旧道と線路を残したもので、1961年に廃止された。❷東京駅丸ノ内側、中央郵便局前を一周する単線のループ線は⑤系統（目黒駅前〜東京駅）が使っていたが、1944年に廃止、戦後は長距離路線バス乗り場になっていた。これと一対になっていたのが降車口側の鉄道省ビル前（図では帝国生命館の下側）を一周していた単線ループの未成路線で、境界縁石が埋め込まれていたが実現しなかった。この図では東京駅八重洲口前の外濠が現役だった頃の姿と、東京駅のホームがわずか4本で、地平に車両基地があったことなども見てほしい（このあと戦中に高架ホームを1本増設、車両基地は品川に移転）。

神田付近（昭和12年）

陸軍参謀本部陸地測量部発行「1/10000地形図」

江戸時代から関東震災後までの道路、河川と鉄道網が輻輳していた神田

目立つのは昭和通りと、東北本線（山手線・京浜東北線）、横切る総武線、それらを結ぶ中央線。さらに総武線と東北本線が交わる秋葉原駅は高架上の貨物駅と神田川からの掘割も完成していた。市電（都電）の線路は須田町交差点を中心に縦横に走り、神田駅で交差する中央通りの下には地下鉄も開業していたが、表通りを一歩入ると江戸時代の町割りが生きていた。神田一帯の近代化は関東大震災の復興事業によって完成し、その後の戦災と復興を経てもほとんど基本の姿を変えずに現在に至っている。先人の偉業に敬服するばかりだ。

錦糸町付近（昭和12年）

陸軍参謀本部陸地測量部発行「1/10000地形図」

昔から江東地区の交通の要衝だった錦糸町

まず横に見ていくと、左端の川が大横川、右端の川が横十間川、縦に見ると上から順に竪川、小名木川が右から左へ流れている。総武線の錦糸町駅は築堤上が旅客線、平地が貨物駅と車両基地になっていた。線路の左方向は、大横川の鉄橋を越えると隣の両国駅まで1904年に我が国最初の高架線（鉄橋方式）が設けられた区間で、築堤とは異なる描法でそれがわかる。錦糸町駅前（市電・都電では「錦糸堀」と称した）は市電時代から市内電車のメッカで、車庫もあったが、旧・城東電軌とは線路が繋がっておらず、駅前のビル内が城東のターミナルだった。両者の線路が接続したのは戦後の1947年である。この地図のワク内で戦後増えた都電路線は、南口の錦糸堀〜錦糸町駅前間、北口の太平町三丁目〜錦糸町駅前間であった。

亀戸付近（昭和12年）

陸軍参謀本部陸地測量部発行「1/10000地形図」

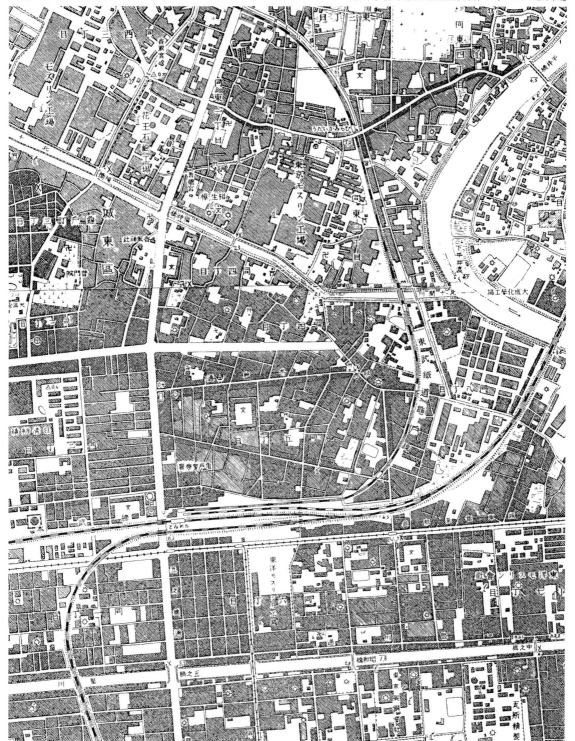

旧・城東電軌の街と、戦後に都電が開通した福神橋

図面を縦断している道路が「明治通り」、左に亀戸天神が見える。総武線亀戸駅に北側からカーブで進入しているのが東武鉄道亀戸線、その亀戸駅から南下しているのが越中島貨物線、右端の河川は旧中川である。総武線と並行している道路は「京葉道路」で、路面の電車は城東電気軌道の小松川線（後の都電㉕系統西荒川〜日比谷公園）、亀戸駅付近の水神森停留場からT字型に分岐して南下しているのが城東電軌の砂町線（水神森〜東陽公園前。後の都電㊳系統錦糸堀車庫前〜日本橋）。亀戸駅から明治通りを北に進むと北十間川に架る「福神橋」を渡る。ここに隣の柳島から都電が延長されたのは戦後の1958年で、それまで市電（都電）とは無縁だった。都電延長前には明治通りのトロリーバス103系統（池袋駅前〜尾久〜三ノ輪〜亀戸駅前）が利用されていた。

東陽町付近（昭和12年）

陸軍参謀本部陸地測量部発行「1/10000地形図」

深川の古い街と新しい街、木場と東陽町

図面を横切る水路から見ていくと、上から小名木川、次が仙台堀川、細流の洲崎川あり。小名木川とクロスして縦に流れるのが大横川。至る所に木場の貯木場があり、深川が水と材木の街であったことを示している。市電の線路は、縦方向に錦糸堀から東陽公園前までの猿江線（戦後は㉘系統の錦糸堀〜都庁前の路線）が通り、永代通りに突き当たると右からの城東電軌砂町線（水神森〜洲崎。城東の都営化前は東陽公園〜洲崎間は両者が線路を共用、戦後は都電㊳系統錦糸堀車庫前〜日本橋）と連絡していた。洲崎停留場の下の碁盤目の一角は洲崎遊郭で、狭い洲崎川に架る洲崎橋を渡って進む埋立地の島に立地していた。戦後は縮小して洲崎パラダイスとなり、1958年の閉鎖後は住宅地に変った。

月島付近（昭和12年）

陸軍参謀本部陸地測量部発行「1/10000地形図」

まだ若い島だった月島と埋立てが進んでいた晴海
上から下へ見ていくと、佃島の隅田川沖積地を埋立てた石川島、元々島だった佃島、埋立ての新佃島を経て月島に着く。陸地の越中島と新佃島を結ぶ橋が相生橋。隅田川河口の中州を挟んで月島方面と直結している。道路は清澄通りで、市電の線路は月島八丁目（現在の「勝どき」交差点）まで開通していた。月島は戦前戦後まで地味な街並みが広がっていた。隣の晴海の埋立ては1931（昭和6）年に完成したが、戦後長らく米軍に接収されて開発が遅れていた。

西荒川・東荒川付近（昭和12年）

陸軍参謀本部陸地測量部発行「1/10000地形図」

旧・城東電軌が建設した西荒川停留場（左）と、東荒川停留場（右）

旧・城東電気軌道が錦糸町からの路線を延ばして建設したのが左の西荒川停留場。建設工事中だった荒川放水路（広い方が荒川放水路、狭い方が中川放水路。少し下流で合流する）のためその先が建設できず、延長路線は川向こうに独立した東荒川停留場を設け、以遠は離れ島的路線となって開通した。都営化で前者は㉕系統（西荒川〜日比谷公園）、後者は㉖系統（東荒川〜今井橋）となった。西荒川〜東荒川間を物差しで結んでみるとピッタリ一致するところに城東電軌の執念が生きていたようだ。㉖系統は1952年、㉕系統は1968年に廃止となった。なお、放水路に架る至近の小松川橋も初代は木橋で、電車とは全くの無関係だった。

今井付近（昭和12年）

陸軍参謀本部陸地測量部発行「1/10000地形図」

田園地帯の果てを走っていた城東電軌今井線（⇒都営化後の都電㉖系統一之江線）
左上から右下へ、今井街道と並行して斜めに横断しているのが城東電気軌道の今井線（後の離れ島路線・都電㉖系統）である。
東西南北みごとな水田地帯で、人家はきわめて少ない。江戸川を越えて浦安方面への延長計画もあったが、荒川放水路で線路
が分断された形だったので、実現したとしても"東京市内"への利用客は僅かなものだったろう。1952年に今井橋〜上野公園間
のトロリーバスと交代して線路は消えた。図の一帯も現在は都市化している。

上野付近（昭和12年）

市電（都電）が都市交通の主役だった時代のネットワーク

上野も市電（都電）のネットが見事だった。上から下まで通しの路線が㉑系統（千住四丁目〜水天宮）で、上野駅前以南は昭和通り中央の独立専用線を走っていた。上野駅前の市電路線は、路線の間が開いているが、ここに欧州スタイルの広々としたホーム（安全地帯）が広がっていた。また㉑系統の右手1本目に並行している清洲橋通りと左端の不忍通り南岸には、計画路線の縁石が入っていた。開通していたらネットはさらに細かくなるはずだった。

荒川付近（昭和12年）

住宅と町工場で埋まった王子電軌（現・都電荒川線）の沿線

上から順に荒川（現・隅田川）、それより最下の国鉄田端駅に至る間は荒川沿いの低湿地で、元は一面の水田地帯だった。明治末からの工業化で東京への流入人口が急増し、王電沿線は民家と町工場の密集地に変った。緑地はほとんど消えたが、数少ない憩いの施設として左上に「あらかわ遊園」の姿が見える。今も健在の庶民の遊園地として現役。なお国鉄線の線路のうち、電化していたのは山手線、京浜東北線のみ。他はすべて蒸気機関車が牽引していた。

王子付近（昭和12年）

陸軍参謀本部陸地測量部発行「1/10000地形図」

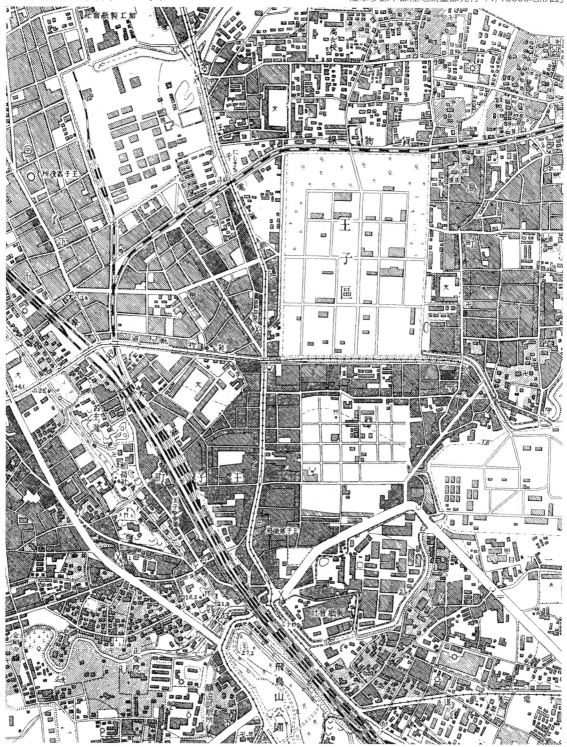

製紙工場、陸軍の施設、専用鉄道が多かった王子付近

王子駅から北に延びているのが王子電軌の赤羽線（後の都電㉗系統）、その左の一角が旧十条製紙工場。工場内には田端貨物駅から延びてきた専用の「北王子線」が入っていた。現在はＵＲ王子五団地になっている。その右手の広い空白地帯は陸軍板橋火薬製造所の王子工場（東京第二陸軍造兵廠）で、白ヌキは防諜のため。現在は会計監査院王子書庫、私立高校２、都立高校1のほか、住宅団地となっている。さらに右に向う専用線は北王子線から分岐した「須賀線」で、隅田川畔の日本人造肥料（後の日産化学）工場ほかへの専用線だった。２本の専用線は戦後も健在だったが、須賀線は1971年、北王子線は2014年に廃止された。図中の市電（都電）は赤羽行きを除いて現・荒川線と変りがない。

赤羽付近（昭和12年）

陸軍参謀本部陸地測量部発行「1/10000地形図」

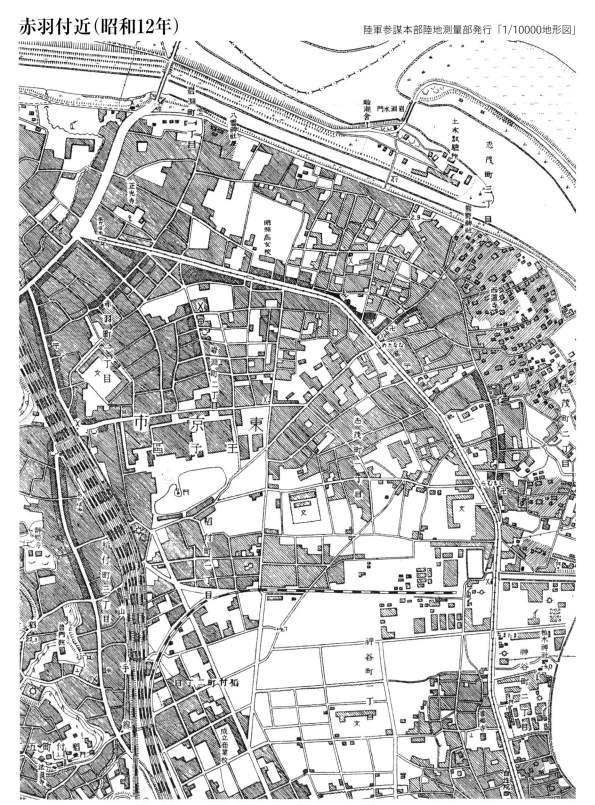

赤羽駅の北側には王子電軌線と荒川の岩淵水門、南側には国鉄発電所への専用線

赤羽駅の北、王子電軌の終点を越えると荒川と隅田川の分岐点、および荒川放水路の起点となる「岩淵水門」がある。王子電軌（後の都電㉗系統）の沿線はすでに住宅や商工業地として発展中だが、左端の赤羽駅はまだ列車駅の面影が濃く、駅前広場も無い。少し南からは国鉄の赤羽発電所への専用線が分岐しており、末端部に隅田川から水を引いてボイラーで発電する火力発電所があった。1958年に廃止となり、現在は北区の清掃工場になっている。

まえがき

　この第6巻では下町路線の㉓〜㉘の7つの系統を取り上げました。本シリーズは系統番号の順に写真と記事を進めていますので、本巻も各路線の環境や性格はまちまちですが、それを分類すれば、以下のように分けられると思います。

　❶下町と都心部を結ぶ幹線系の㉕系統（西荒川〜錦糸町〜両国〜神田橋〜日比谷公園）と、㉘系統（錦糸町駅前〜門前仲町〜日本橋〜都庁前）、❷地域密着系の㉓系統（福神橋〜押上〜門前仲町〜月島通八丁目）と、㉔系統（福神橋〜浅草〜上野〜須田町）、❸1952（昭和27）年に戦後のトップを切って廃止になった孤立路線の㉖系統（東荒川〜今井橋）、❹現存する荒川線（愛称名「東京さくらトラム」）の一部を構成する旧㉗系統（三ノ輪橋〜王子駅前〜赤羽）。これらの路線は個性的で、それぞれに思い出をお持ちの方も多いと思います。

　その一方で「都電はどれも同じような電車に見えて、その路線や系統ならでは…という車両面の個性の強さに欠けている」という声も耳にしています。路線によってさまざまな性格を持つ都電でしたが、確かに車両面に関してはどの路線も大同小異で、画一化が進んでいたことは否めませんでした。それには理由がありまして、利用客に「公平なサービスを提供する」という大前提から、多くの量産型車両を均等に各電車営業所に配置した（バラ撒いた）結果だったと言えると思います。

　例を挙げますと、量産形式の3000形242両、4000形117両、6000形290両、7000形93両、8000形131両は、特定の車庫に偏ることなく各車庫に分散配置されて、都内の各所で乗ることが出来ました。それだけサービスの均等化が進んでいたわけです。とはいえ、少数派車両、特殊車両の700、800、1000、1100、1500、2000、5000、5500、6500、7500形などは量産車との混用で特定の系統でしか利用できませんでした。しかし大多数の系統では上に述べたように均質化による均等なサービスが受けられました。日本一両数の多い都電でしたから、車両に関してはこうした均等方式によって、都民から不公平を非難する声は出ていなかったと記憶しています。

　本巻の場合も、各位の写された写真に登場する都電車両は、系統や場所が異なっていても同じスタイルの電車が大半を占めています。それが「均等なおもてなし」に徹していた都電の日常風景であったとお考えいただきたく、同じ型の車両が背景の違いによってさまざまな表情を見せていた昭和期の姿を味わっていただければ幸いです。

2022（令和4）年7月　三好好三

23系統（福神橋〜月島通八丁目）

【担当：柳島電車営業所　営業キロ数：福神橋〜月島通八丁目間8.734km　廃止：1972（昭和47）年11月12日】

福神橋〜柳島〜緑一丁目（旧・東両国緑町）〜門前仲町〜月島通八丁目間は業平線、高橋線、月島線を通し運転としたもので、1904〜23（明治37〜大正12）年にかけて開通した古い区間が含まれていた半面、柳島〜福神橋間は1958（昭和33）の開通だった。墨東地区の福神橋から押上、業平橋を経て清澄通りを南下、隅田川を渡らずに下町の要衝である東両国、森下町、高橋（たかばし）、清澄町、深川一丁目、門前仲町、越中島、新佃島を経て月島八丁目に至る生粋の下町路線だった。沿線には清澄庭園、深川不動尊、富岡八幡宮があり、越中島には東京水産大学（現・東京海洋大学）があるなど、利用客の多い路線だった。廃止後の現在は清澄通りのほとんどが都営大江戸線に代替している。

停留場 1962（昭和37）年当時

福神橋　柳島　十間橋　押上駅前　業平橋　本所吾妻橋　駒形橋　厩橋　石原町一丁目　墨田区役所前　東両国緑町　千歳町　森下町　高橋　清澄町　江東区役所前　平野町　深川二丁目　深川一丁目　門前仲町　越中島　新佃島　月島通三丁目　月島通八丁目

明治通り横断歩道から福神橋停留場に停まる㉓系統月島行きの6000形を望む
中小の商工業と住宅の集まる街で特に賑わいを見せてはいなかったが、明治通りを通るトロリーバス〔103〕系統（池袋駅前〜亀戸駅前）との連絡の利便性をはかって当地まで延長されたもの。相応の利用客があった。
◎福神橋　1969（昭和44）年8月9日　撮影：荻原二郎

福神橋停留場から柳島車庫へ戻る㉓系統の7000形
浅草通り（上野駅前～福神橋間）の都電は、長らく柳島（柳島車庫所在地）が起点だったが、都内線としては末期にあたる1958（昭和33）年4月に柳島～福神橋間0.6kmが延長された。福神橋は明治通りが渡る北十間（きたじっけん）川に架る橋で、南詰が浅草通りとの交差点。停留場は浅草通りに設けられ、柳島から1電停延長した㉓系統（月島通り八丁目行き）、㉔系統（須田町行き）

の起点となった。これより1年前に全通していた明治通りのトロリーバス〔103〕系統（池袋駅前〜亀戸駅前）との接点として期待されたが、トロバスは1968（昭和43）年4月1日に廃止となり、都電も1972（昭和47）年11月12日に廃止となった。画面の手前を横断しているのが明治通り、右端が北十間川と福神橋である。
◎福神橋　1971（昭和46）年5月　撮影：田尻弘行

出庫して始発の福神橋に向う㉓系統月島行きの7500形
右奥が柳島車庫。車庫前の浅草通りに都電が並ぶ風景が名物になっていた。左のコンクリート壁の奥は北十間川で、近くの柳島橋以東、旧中川合流点までは北十間川が墨田区と江東区の区境になっている。歩道橋の垂幕は撮影当時社会問題になっていた「杉並ゴミ戦争」における江東区側の意見。ゴミは江東区の埋立地へ…と主張する杉並区と、都内のゴミの集積処理で公害に苦しむ江東区が対立し、杉並区のゴミ搬入を拒否する争いにまで発展した。「杉並エゴ」という新語も登場したが、結局ゴミは各区で処理することで落着したものの、東京のゴミ問題の深刻さが、高度成長期の「使い捨て文化」に浸っていた都民を覚醒させる契機となった。◎柳島　1972（昭和47）年３月７日　撮影：安田就視

墨東の都電車庫の代表・柳島車庫の前に
停まる㉓系統月島行きの7000形と後続の
㉔系統上野駅行きの6000形

柳島車庫は錦糸堀車庫と共に下町（特に墨
東地区）の都電を支えてきた。共に収容力
の大きい車庫で、多数の車両を保守してい
た。㉓㉔系統は入出庫を兼ねた車庫折返
しの便もあり、出入庫車が路上に数珠つな
ぎになる光景が名物になっていた。配置
車両は4000、6000、7000、8000形で、後
に7500形も加わった。なお、停留場名は
電車の方向幕では「柳島車庫」と記して
いたが、正式には「柳島」で、車庫前の停
留場標識も「柳島」だった。
◎柳島
1969（昭和44）年8月9日
撮影：荻原二郎

柳島停留場に停車中の
㉓系統月島行きの7000形

戦後の都電に新風を送った7000形の1
次車である。7000形は1954～56（昭和
29～31）年に93両が製造された。1次
車7001～19、特殊車7020、旧車の機器
流用7021～30、2次車7031～50、3次
車7051～93に分れ、スタイルに違いが
あった。前面は2枚窓だったが、運転し
にくかった1次車のみ3枚窓に改造され、
すっきりした顔立ちになっていた。乗心
地は振動が少なく滑らかな1次車が最も
良かった。
◎柳島
1972（昭和47）年11月10日
撮影：矢崎康雄

旧・柳島終点だった十間橋（じっけんばし）で行き交う㉓系統月島行き（左）と、福神橋行きの6000形（右）
柳島と押上の中間、北十間川に架る十間橋の南詰が停留場で、1919（大正8）年7月に「柳島妙見堂前」として開業し、柳島（初代）⇒柳島妙見前⇒十間橋と改称を重ねた。戦災後の街に昔日の面影は無く、撮影当時は中低層建造物の集まる商工業地区だった。◎十間橋　1972（昭和47）年3月1日　撮影：荻原二郎

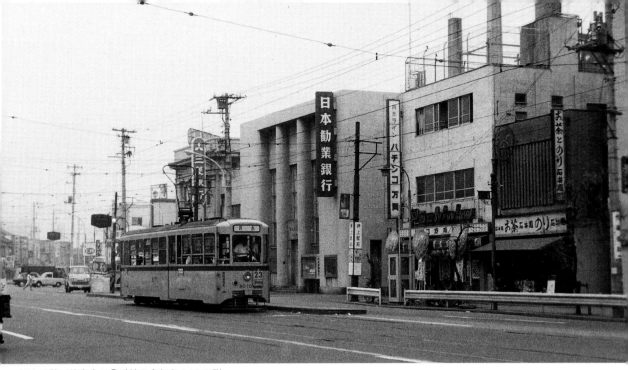

押上駅前に停車中の㉓系統月島行きの8000形

浅草通りを進む㉓系統の都電は北十間川と並行して本所吾妻橋方向へ進む。その途次で京成電鉄押上線の押上駅前を通る。撮影当時は画面左奥の北十間川に架る「京成橋」を渡ると目の前に駅舎があった。当地は道路交通の要衝でもあり、画面中央の信号の見える地点が四ツ目通り（墨田区京島一丁目〜江東区東陽町四丁目間）との交差点で、右方向が錦糸町方面。京成押上駅前電停と次の業平橋（なりひらばし）電停の間、北十間川の北側には東武鉄道の広大な貨物ヤードが広がっていたが、ここに建設されたのが超高層電波タワーの「東京スカイツリー」で、地味だった押上、業平の街が一変した。現在、押上には京成のほか、都営浅草線、東京メトロ半蔵門線の押上駅があり、京急、東急、東武の車両も顔を出す東京下町の新しい盛り場として成長を続けている。◎押上駅前　1969（昭和44）年8月9日　撮影：荻原二郎

京成電鉄押上駅前、浅草通りと四ツ目通りのＴ字分岐点を進む㉓系統月島行きの7500形

都電廃止が進み、青山車庫から柳島車庫に転じてきた当時最新の7500形が浅草通りを進み、本所吾妻橋から清澄通りに折れて月島に向かう。京成電鉄の押上駅前は四ツ目通りとの分岐点で、押上駅前〜太平町三丁目（後の太平三丁目）の間には都電未成線の境界縁石が入っていて、線路敷設後は⑯系統（大塚駅前〜錦糸町駅前）の線路と接続するかに見えたが実現せず、この区間を走ったのはトロリーバスの101系統（今井〜上野公園）だった。現在は道路下を東京メトロ半蔵門線が快走し、押上駅も京成電鉄・都営浅草線の共同駅になり、半蔵門線の押上も開業して、東京スカイツリーの最寄り駅になっている。
◎押上駅前　1970（昭和45）年6月9日　撮影：矢崎康雄

本所吾妻橋の㉓系統の月島行き
旧・吾妻橋一丁目、吾妻橋二丁目は統合・廃止となり「本所吾妻橋」に1本化されていた。浅草通を進む㉓系統から見ると、ここで㉚系統を迎え入れるが、すぐに本所吾妻橋の交差点で㉔と㉚は雷門通りに別れて行き、㉓系統は清澄通りの駒形橋の方へと別れて行く。都電の吾妻橋はこのような分岐点の停留場だったが、都営浅草線の本所吾妻橋駅は交差点の下にあって墨東と都心部をがっちり結んでいた。◎本所吾妻橋(旧・吾妻橋二丁目) 1969(昭和44)年8月9日 撮影：荻原二郎

本所一丁目を進む㉓系統月島行きの6000形
㉓系統は本所吾妻橋から単独で進んで行くが、本所一丁目でははるばると山の手の大塚駅前から上野広小路、厩橋（うまやばし）を経由して来た⑯系統を迎え入れる。写真手前の線路は⑯系統のもので、左が厩橋方面。乗換え客も多く、停留場は賑わっていた。
◎本所一丁目（旧・厩橋一丁目）　1970（昭和45）年1月17日　撮影：荻原二郎

駒形橋交差点で浅草通りから清澄通りに左折する㉓系統月島行きの6000形
㉓系統は業平橋から旧大横川を埋立てた大横川親水公園を越えて進む。ここに架っていた橋が本家本元の「業平橋」で、今も遺構が残っている。次の本所吾妻橋（旧・吾妻橋二丁目）で㉚系統（寺島町二丁目〜須田町）と合流し、その次の旧吾妻橋一丁目（1960廃止）で㉔㉚系統は浅草（雷門）通りへ別れて行くが、㉓系統は単独で直進して写真の駒形橋交差点に至る。ここから月島まで㉓系統は隅田川を渡らずに進む。
◎駒形橋　1970（昭和45）年1月17日　撮影：荻原二郎

石原一丁目（旧・石原町一丁目）停留場に停車中の㉓系統門前仲町行きの6000形

石原一丁目交差点の横網公園側角から見た㉓系統の電車である。右端に⑯系統との分岐・合流のための信号塔が見える。沿道は商工業、飲食店が並ぶ下町の風景が続いていたが、現在はビル化が進んで景観は大きく変り、特色は薄れている。

◎石原一丁目　1970（昭和45）年1月27日　撮影：荻原二郎

横網公園の「東京都復興記念館」を背景に石原一丁目（旧・石原町一丁目）停留場に停まる㉓系統福神橋行きの6000形
㉓系統は清澄通りの本所一丁目（旧・厩橋〔うまやばし〕一丁目）で⑯系統（大塚駅前〜錦糸町駅前）を迎え入れるが、1電停先の石原一丁目（旧・石原町一丁目）で⑯系統は錦糸町方面への蔵前橋通りへ別れていく。写真は手前の線路が⑯系統の分岐線で、交差点から先の右側は両国まで続く「都立横網公園」となる。角の建物は公園内に1931（昭和6）年に竣工した「東京都震災復興記念館」（旧・防災資料展示館）で、同じく公園内の「震災記念館」の付帯施設として開館したものである。1999（平成11）年に東京都の歴史的建造物に指定されている。
◎石原一丁目　1970（昭和45）年1月17日　撮影：荻原二郎

墨田区役所前（旧・横網町）停留場付近から緑町（旧・東両国緑町）方向を見る

南北に通る清澄通りから東西に走る総武線高架、首都高速7号小松川線の高架を望んだもので、かすかに見える背の高い高架
橋が竪川の上に建設された高速7号の高架である。この地区は両国の一方の中心地で、両国駅周辺が旧火除け地から発展した

表向き（公的）の顔とすれば、旧・東両国緑町は庶民的な盛り場が広がり、相撲部屋や映画館、銀行の多い地元の街だった。現在は地下に都営大江戸線の両国駅があり、街も高層ビル化が進んでいる。電車は㉓系統福神橋行き。知名度の関係で方向幕には「柳島 福神橋」と記してあった。◎墨田区役所前　1970（昭和45）年1月27日　撮影：荻原二郎

両国駅東側で総武線のガードをくぐり、緑一丁目（旧・東両国緑町）に到着した㉓系統月島行きの6000形
両国駅の東側で清澄通りは総武本線と立体交差して緑一丁目（旧・東両国緑町）・森下（旧・森下町）へと進む。総武線の各停は当時最新の103系と山手線から転属の101系（共にカナリア色）の全盛期だった。緑町一帯には両国の庶民的な商業・住宅の集まる世界が広がっていた。◎緑一丁目　1972（昭和47）年3月7日　撮影：安田就視

京葉道路との交点・緑一丁目（旧・東両国緑町）の交差点を渡る㉓系統月島行きの7000形
両国駅東側の亀沢一丁目で総武線のガードをくぐると、㉓系統の電車は京葉道路（国道14号。靖国通りに続く両国橋〜江戸川区篠崎町二丁目間の一般道）との交差点に到着する。交通量の多い国道で、ここでは都電の㉕系統（西荒川〜日比谷公園）、㉙系統（葛西橋〜須田町）と交差しており、都電の要衝の1つだった。撮影当時は高層ビルの姿は無かったが、現在は京葉道路が拡幅され、沿道には背の高いビルが林立している。交差点の左が両国橋方面、右が錦糸町方面。画面の背後が森下町・清澄町・門前仲町方面。写真の7000形は1954（昭和29）年製の1次型で、昭和40年代初めに正面2枚窓が3枚窓に改造されたグループの1両。改造後の顔立ちに人気があった。◎緑一丁目　1972（昭和47）年9月17日　撮影：小川峯生

緑一丁目（旧・東両国緑町）の京葉道路との交差点から森下町、清澄町方向を望む
交差する京葉道路の右が両国駅方面、左が錦糸町方面。交差する都電の線路には㉕系統（西荒川〜日比谷公園）、㉙系統（葛西橋〜須田町）が走る。乗降客、乗換え客の多い電停だった。現在は道路が拡張され、沿道には高層の商業ビルが並んでいる。
◎緑一丁目　1970（昭和45）年1月27日　撮影：荻原二郎

堅川の上に開通した首都高速7号小松川線と交差して千歳三丁目（旧・千歳町）に到着した㉓系統月島行きの7000形
深川の特色だった運河、掘割は戦後の復興期に埋立てが進んだ。埋められなかった運河はその上に高速道路が建設された。深川の主要河川だった堅川も、頭上に首都高速7号線が建設されて、景観が変った。高速道路下には清澄通りを渡る「二之橋」があったが、これは残されている。◎千歳三丁目　1972（昭和47）年1月28日　撮影：荻原二郎

清澄庭園最寄りの清澄町から月島に向う㉓系統の6000形
高橋を発車すると小名木川に架る「高橋」（写真奥の坂の箇所）を渡って清澄町に着く。清澄庭園は伝・紀伊国屋文左衛門の屋敷跡⇒下房関宿藩主の下屋敷⇒三菱財閥の庭園⇒現・都立公園という変遷をたどった日本庭園で、観光名所の1つ。都電なき後は都営大江戸線と東京メトロ半蔵門線の清澄白河駅が最寄の駅となっている。◎清澄町　1970（昭和45）年12月21日　撮影：荻原二郎

森下町の交差点から発車した㉓系統月島行きの6000形
さらに南下して千歳三丁目（旧・千歳町）を過ぎると江東区の深川地区に入る。かつてこの辺りからは小運河と掘割が多く、「水の都」の趣を呈していたが、戦後の埋立てで清澄通り沿いに残るのは竪川、小名木川、仙台堀川、大島川西支川といった運河のみである。森下町からの都電停留場は高橋（たかばし）、清澄町、江東区役所前、平野町、深川二丁目、深川一丁目、門前仲町と続く。この区間こそ深川の中心地で、東側には立川（たてかわ）、菊川、白河、三好といた深川の商工業、住宅の街並みが広がる。都電の方は、盛り場の森下町交差点で㊱系統（錦糸町駅前～築地）と交差していた。都電廃止後はしばらく街が寂しかったが、やがて都営新宿線と都営大江戸線が交差点下に「森下」駅を開業して、利便性と街の繁栄を取戻した。中高層のビル化が進み、街は今ふうの都市景観に変っている。
◎森下町
1970（昭和45）年9月21日
撮影：荻原二郎

昔の深川の面影を残す平野町を進む㉓系統月島行きの6000形
江東区のほとんどが震災、戦災で焼失したが、復活の度に深川の面影を失うことなく街作りが行われてきた。電車が清澄通りを平野町、深川二丁目、一丁目…と進んでいくと、さりげない商店街やその背後に江戸から続く深川の息吹が感じられたものだ。撮影時には高いビルも無く、昭和そのものの景観を留めていた。◎平野町　1970（昭和45）年12月3日　撮影：荻原二郎

深川一丁目〜門前仲町間を福神橋に向う㉓系統の7500形
大正の関東大震災と昭和の戦災に寄って古い建造物は失われ、戦後は一見特色のない街並みに見えた。しかし、残された運河や、そこに架る橋などは昔を語る貴重な遺産となっていた。都電の時代には沿道は中小の商店と町工場、路地を入れば零細な住宅が密集していたが、現在はビル化、高層化が進み、風景は一変している。
◎深川一丁目　1971（昭和46）年3月14日　撮影：小川峯生

深川の街並を左右に見ながら進む㉓系統月島行きの7000形
奥の盛上がった箇所が仙台堀川に架る海辺橋（うみべばし）。江戸初期には湿地帯であったことがわかる橋の名である。撮影当時は高層のビルも無く、明治以降の近代史を刻んできた深川の街並みが見渡せた。このような景観が緑一丁目から門前仲町まで続いていた。現在は高層のビルに視界が妨げられて、深川の街を展望することは難しい。
◎深川二丁目　1970（昭和45）年12月3日　撮影：荻原二郎

江東区役所前に停車中の㉓系統月島行き8000形
江東区役所は旧深川区役所の後身で、清澄通りの東にあったが、撮影後の1974（昭和49）年に東陽町四丁目へ移転した。移転先は東京メトロ東西線・東陽町駅至近の位置にあり、区内からの利便性は向上した。旧区役所の跡地には「深川江戸資料館」が開設され、資料館通りの深川らしい商店街が賑わっている。◎江東区役所前　1970（昭和45）年12月21日　撮影：荻原二郎

門前仲町の交差点に停車中の㉓系統月島行き6000形 2 両
交差点の角は三菱銀行が占め、商店街は左右に横断する永代通りの右側に木場まで続いていた。その途中に富岡八幡宮と深川
不動尊があり、終日賑わっていた。◎門前仲町　1971（昭和46）年 3 月14日　撮影：小川峯生

門前仲町の交差点、清澄通りに停車中の㉓系統福神橋行きの7500形と、永代通りを永代橋方向に進む㉘系統の6000形

清澄通りの月島方から眺めた門前仲町の交差点風景。東北側の角は三菱銀行（現・三菱UFJ銀行）の門前仲町支店。交差点付近は地区商業の中心地として金融機関も多く、商工業地の観もあるが、門前仲町から木場に進む門前町の商店街が永代通りの写

真の右手に続いている。この一帯の清澄通りは生活感の漂う地味な通りだったが、現在は永代通りと共に中・高層のビルが建ち並ぶ。永代通りの地下には東京メトロ東西線、清澄通りの下には都営大江戸線が通っており、門前仲町駅は通勤客、観光客、乗り換え客で賑わっている。◎門前仲町　1971（昭和46）年3月14日　撮影：小川峯生

門前仲町の交差点を越えて清澄通りを月島に向う㉓系統の6000形
永代通りと並ぶ清澄通りの商店街を南下、大横川に架る黒船橋を渡ると都電㉓系統は越中島に到着する。ここは東京商船大学（2003年に東京水産大学と統合して現・東京海洋大学）の広大な敷地に沿って走り、隅田川派川を越える相生橋（あいおいばし）を渡って埋立地の新佃島に入る。現在の清澄通りの下には都営大江戸線が通り、月島、勝どき方面に向っている。ちなみに大江戸線の駅は門前仲町⇒月島⇒勝どきの順で、佃島の付く駅名は無い。
◎門前仲町　1971（昭和46）年3月14日　撮影：小川峯生

新佃島停留場で客扱い中の
㉓系統月島行きの8000形
江戸末期から隅田川の河口は土砂の堆積で浅瀬化が進み、元々の島だった佃島の隣に「石川島」が誕生した。佃島とは地続きになり現在は佃一・二丁目となって、石川島公園、タワーマンション街の「リバーシティ21」になっている。市電（都電）は現在の㉓系統の筋で1931（昭和6）年に月島まで開通した。都電の「新佃島」停留場は現在の東京メトロ有楽町線と都営大江戸線の交点である「月島」駅の近くにあった。
◎新佃島
1968（昭和43）年1月27日
撮影：荻原二郎

工業地帯を思わせる越中島に到着した㉓系統月島行きの8000形
都電で越中島まで来ると、清澄通りの商業地の雰囲気は消えて、工業地帯に入ったように感じたものだ。実際には国鉄の越中島貨物駅は通りから遠く離れていて、都電の沿線には広大な東京水産大学（現・東京海洋大学）が広がっていたのだが、雰囲気は工業地帯に近かったためだろう。都電の消えた現在はＪＲ京葉線の越中島駅が唯一の鉄道駅で、清澄通りの下を走る都営大江戸線には駅がなく、門前仲町駅と月島駅の中間地点になっている。◎越中島　1970（昭和45）年10月29日　撮影：荻原二郎

門前仲町の停留場で乗降中の㉓系統月島行き6000形

江戸時代から続く深川地区最大の盛り場で、東西の永代通りと南北の清澄通りの交差点である。永代通りには㉘系統（錦糸町駅前～都庁前）、㊳系統（錦糸堀車庫前～日本橋）、朝夕臨時の⑮系統（高田馬場駅前～洲崎）が頻繁に行き交っており、沿道の盛り場はそちらが主流だった。右が富岡八幡宮、深川不動尊、木場方面、左が永代橋、茅場町、日本橋方面。縦の道路が㉓系統の通う清澄通りで、奥の森下町方向が盛り上がっているのはここに隅田川と木場を結ぶ油堀川（あぶらぼりがわ）に架る富岡橋があったため。撮影後の1975（昭和50）年に川は埋立てられ、その上に首都高速9号深川線の高架が開通した。正面奥の巨大なビルは門前仲町のランドマークになっていた衣料品、生活用品の「赤札堂」。1917（大正6）年に交差点角に開業した赤札堂洋品店が発展したもので、現在はレストランを含む総合ショッピングモールになっている。

◎門前仲町　1971（昭和46）年3月14日　撮影：小川峯生

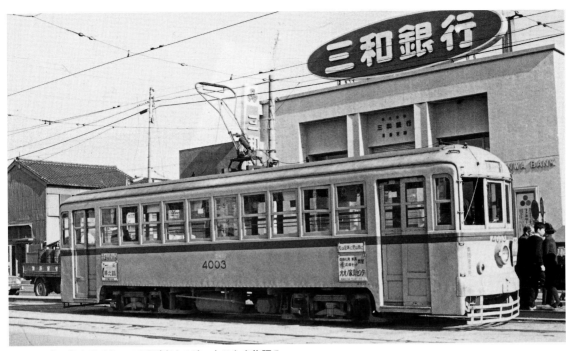

珍しく月島に顔を見せた4000形が廃止の迫ったことを物語る

担当の柳島車庫には4000、6000、7000、7500、8000形が配置されていたが、その中で4000形は㉔系統（福神橋‐‐須田町）、㉚系統（寺島町二丁目～須田町）に入線し、㉓系統を走る姿は通常見られなかった。が、廃止が進行してくると車両の配転や廃車が進行し、珍しい運行も見られるようになっていた。4000形は旧木造3扉の4000、4100、4200形の鋼体化車で、車体は6000形と同一、台車は多くが原車のD-11型を引継いでいた。乗心地は6000形に多かったD-10型に比してゴリゴリと硬かった。
◎月島　1967（昭和42）年3月11日　撮影：江本廣一

月島橋を渡って目前の「月島」停留場に向う㉓系統の6000形

清澄通りを進んで来て月島橋（運河の月島川に架る橋）を越えれば月島（旧・月島八丁目）停留場で、電車の方向幕はすでに折返しの「柳島福神橋」行きに変えてある。撮影時には⑨系統（渋谷駅前～月島）、⑪系統（新宿駅前～月島）も健在で、都電の要衝の1つだったが、両系統とも折返しは月島より2つ越中島寄りの新佃島まで延長されていたので、月島は道路拡幅と相まってかなり閑散としていた。◎月島　1966（昭和41）年8月13日　撮影：日暮昭彦

他系統の廃止で孤影を見せる月島停留場の㉓系統7000形
賑わっていた月島停留場も、㉓系統だけに縮小後は単線化され、ひっそりと折返していた。
道路整備が進み清澄通りも広くなっていただけに寂寥感が漂っていた。奥が晴海通りとの交差点で、右が勝鬨橋、築地方面、中

央奥と左奥が月島よりずっと新しい埋立地「晴海」方面である。㉓系統は1972（昭和47）年11月12日に廃止され、月島から都電の姿が消えた。◎月島　1972（昭和47）年1月28日　撮影：荻原二郎

下町情緒を残す高橋（たかばし）停留場で客扱い中の㉓系統月島行きの6000形
森下町から次の高橋にかけてが深川らしい暮しの中心地で、戦後も長らく新旧の街並みが残っていた。戦前までの深川の風景と暮しの雰囲気、歯切れの良い下町言葉は、地元立川生れの漫画家田河水泡（1899〜1989〔明治32〜平成元〕）の「のらくろ」以外の作品「すたこらさっちゃん」や「窓野雪夫さん」などに描写されており、高橋にある森下文化センター「のらくろ館」でもその片鱗を知ることが出来る。都電の方は、盛り場の森下町交差点で㊱系統（錦糸町駅前〜築地）と交差していた。
◎森下町　1970（昭和45）年9月21日　撮影：荻原二郎

墨田区役所前（旧・横網町）停留場に停まる㉓系統月島行きの7000形
墨田区役所は左手にあり、1930（昭和5）年に竣工した美しいアーチ型の窓を持つモダニズムの建築が見られた。旧・本所区役所を引継いだものだったが、1990（平成2）年8月に吾妻橋の墨田区庁舎・すみだリバーサイドホールに移転して姿を消し、跡地には第一ホテルが建っている。写真の位置は両国の国技館、江戸東京博物館などの東側にあたる場所。現在は清澄通りの道路下に都営大江戸線の両国駅が設けられ、右奥に「すみだ北斎美術館」も誕生して街は美しくなっている。
◎隅田区役所前　1970（昭和45）年1月27日　撮影：荻原二郎

他系統の廃止で㉓系統の単独区間となった月島に到着の7000形
月島から新佃島まで清澄通りに乗入れていた渋谷駅前からの⑨系統が1968（昭和43）年9月、新宿駅前からの⑪系統が同1968年2月に廃止されていたため、月島に顔を見せる都電は㉓系統だけになっていた。写真は孤影ひとしおとなった㉓系統が最後の奉仕を続けていた時期の1コマである。◎月島通三丁目〜月島　1972（昭和47）年1月28日　撮影：荻原二郎

24系統（福神橋～須田町）

【担当：柳島電車営業所　営業キロ数：福神橋～須田町間6.794km　廃止：1972（昭和47）年11月12日】

生粋の下町路線の１つで、柳島～押上～業平橋～本所吾妻橋～浅草～上野～上野広小路～万世橋～須田町というコースが便利で、大部分が重複する⑳系統（寺島二丁目～須田町）と共に墨東・向島地区の重要な生活路線になっていた。沿線の隅田川の東岸では飲食店を含む商店街、町工場と住宅の密集する街が広がっていた。浅草では雷門前と飲食・商店街、上野では駅前から広小路にかけて

の百貨店、アメヤ横丁を含む繁華街を通るため、生活路線として利用客が多かった。投入されていた車両も下町では少数派の4000形が㉓⑳系統に多く見られ、6000形とは同一スタイルながらひと味違う風情を見せていた。都電時代から大半の区間が地下鉄と並行していたが、乗降しやすい都電の利用客は多かった。

停留場 1962（昭和37）年当時 ……………………………

福神橋　柳島　十間橋　押上駅前　業平橋　本所吾妻橋　浅草　雷門　田原町　菊屋橋　清島町　稲荷町　上野駅前　上野駅南口　上野公園前　上野広小路　黒門町　末広町　旅籠町　万世橋　須田町

中央通り上野駅南口前、京成聚楽ビル前の停留場に到着した㉔系統福神橋行きの4000形

右は商業・飲食店が入る京成聚楽ビル。写真左奥には聚楽ビルと地下道でつながる京成上野駅（地下）がある。奥に見える国鉄（後のＪＲ）のガードを抜けると上野駅前に出る。聚楽ビルの奥側と国鉄高架線の間にはアメヤ横丁がある。画面では見えないが中央通りの左側には京成電鉄の上野駅（地下）と西郷さんの銅像下の崖に設けた食堂街の聚楽台がある。道路下は地下鉄銀座線が通っており、上野の繁華街はこの地点から上野広小路（御徒町西側）にかけてが中心で、都電も生き生きと走っていた。
◎上野駅南口　1968（昭和43）年４月27日　撮影：矢崎康雄

**道幅の広い浅草通り、
十間橋の南詰を進む
㉔系統福神橋行きの7000形**

北十間川に架る十間橋の南詰。
初代の柳島停留場で、旧称・柳
島妙見前を経て「十間橋」と
なった。浅草通りの道幅が広い
のは、関東大震災の復興時に拡
幅された名残で、戦後もそのま
ま使用された。これは墨東地区
に共通するもので、大規模な復
興計画のおかげといってもよく、
山の手に比べ都電にとっては走
行しやすい道路が多かった。但
し、戦災後の街に昔日の面影は
無く、撮影当時は中低層の建物
が広がる商工業地区だった。現
在はスカイツリーの足元で、新
たな観光地になってきた。
◎十間橋
1972（昭和47）年3月1日
撮影：荻原二郎

京成電鉄押上駅前の停留場を発車した⑭系統須田町行きの6000形
押上駅前は京成からの乗換客で活気のある停留場の１つだったが、京成電鉄が都営浅草線と相互直通運転を開始してからはかなり人の流れが変った。とはいえ、上野、須田町方面への利用客は多かった。押上駅周辺も東京スカイツリー開業後はお膝元らしく景観が変り、商店街は改装・改築が進み、高層オフィスビル、高層マンションも増えている。
◎押上駅前　1970（昭和45）年６月９日　撮影：矢崎康雄

東武鉄道の業平橋駅近くを進む㉔系統須田町行きの6000形

左手奥の北十間川に架る「東武橋」を渡ると東武伊勢崎線の業平橋駅だった。東武本社と業平橋の貨物ヤードがあったが、そこを再開発して2012（平成24）年2月29日に高さ634mという世界最高（当時）の「東京スカイツリー」が開業した。周辺には特に高いビルも無い商工地区だったが、にわかに脚光を浴びて観光客が集まる街と変った。撮影時にはスカイツリーなど想像もできない下町風景が広がっていた。◎業平橋　1969（昭和44）年8月9日　撮影：荻原二郎

本所吾妻橋（旧・吾妻橋二丁目）停留場に接近中の㉔系統上野駅前行きの7000形

浅草通りと雷門通りの分岐、さらに清澄通りとの分岐点も近く、道路改修と地下鉄工事などの関係で停留場の整理が行われ、1960（昭和35）年に吾妻橋一丁目は廃止、吾妻橋二丁目は「本所吾妻橋」と改称された。写真は本所吾妻橋停留場に接近中の㉔系統上野駅前折返しの電車である。撮影時点では道路下には都営浅草線が通り、地下鉄の本所吾妻橋駅も盛業中だった。
◎本所吾妻橋（旧・吾妻橋二丁目）　1972（昭和47）年10月29日　撮影：荻原二郎

本所吾妻橋（旧・吾妻橋二丁目）で浅草通りから雷門通りに進む㉔系統の6000形

浅草通りの福神橋から㉓系統（福神橋～月島）と線路を共にしてきた㉔系統は、本所吾妻橋（旧・吾妻橋二丁目）で㉚系統（寺島町二丁目～須田町）を迎え入れると、次の旧・吾妻橋一丁目（1960年に廃止）から浅草通りをそのまま進み、清澄通り経由で月島に向う㉓系統と別れる。㉓㉚系統のコンビは雷門通りを直進し、隅田川に架る吾妻橋を渡って、浅草雷門、上野方面に向う。写真は㉓系統との分岐点で、左が雷門通りの浅草方面、左手前が浅草通り、右奥が押上、福神橋方面である。すれ違うバスは京成電鉄バス。撮影当時は浅草、上野発着の民営バスが健在だった。
◎本所吾妻橋
1969（昭和44）年2月2日
撮影：小川峯生

都営浅草線建設工事中の本所吾妻橋付近を行く㉔系統須田町行きの4000形

都営浅草線（西馬込～押上、18.3km）の建設は1958（昭和33）年8月に押上方から着工し、隅田川を潜る大工事が行われた。写真は浅草通りの開削工事中の模様で、都電は板張りの仮設軌道敷上を進み、一部区間は単線化しての工事風景となった。都営浅草線は1960（昭和35）年12月4日に押上～浅草橋間が部分開業し、京成電鉄との相互直通運転が開始された。1968（昭和43）年11月18日に西馬込まで全通し、現在は京成、京急、北総、芝山の4社との相互直通運転を行っている。
◎本所吾妻橋付近　1959（昭和34）年12月8日　撮影：小川峯生

アサヒビール工場を背景に吾妻橋を渡って浅草に着いた㉔系統須田町行きの6000形

吾妻橋の東詰めにはアサヒビールの工場があって、浅草のランドマークの１つになっているが、撮影時にはすでに首都高速６号向島線が通っていて視界は悪くなっていた。現在は工場の方が高層化し、ビルも増えていて再び目立つ存在になっているが。元もと左に東武鉄道の鉄橋と隅田公園、右に駒形橋を望む隅田川きっての景勝地だが、現在は写真の正面に東京スカイツリーがそびえ立っていて、新名所として他を圧している。◎吾妻橋　1970（昭和45）年４月５日　撮影：井口悦男

吾妻橋から眺める浅草の街も見納め、須田町へ向う㉔系統最終運転日の6000形
右のビルが東武浅草駅／松屋浅草店。中央左寄りに「ハチブドー酒」のネオンが目立つ神谷ビル（デンキブランでお馴染み）が見える。この日が浅草雷門前を通り抜け、都内の都電では最後まで残っていた下町の５路線のうちの㉔㉚系統の最終運転日で、写真の6000形も最後の奉仕の日となっていた。右の都営バスはアイボリー／水色帯の時期の塗り（それまでのクリーム／えん

じ帯の後継ツートン）。当時の革新知事にちなんで"美濃部カラー"ともてはやされたが、1台だけ見ると美しかったものの、クルマ洪水の都内では色が淡すぎて目立たず、改訂をめぐって喧囂（けんごう）の末、次の色「黄緑／クリーム／ベージュ」が決った。現在はそれに明るいオレンジを加えたものが続いていて、好評である。

◎吾妻橋　1972（昭和47）年11月11日　撮影：矢崎康雄

吾妻橋交差点の角、神谷バー前を
雷門方向に進む㉔系統須田町行きの7000形
吾妻橋交差点の一景である。角地の神谷バー
は戦災にも焼け残り、昔と変らぬ姿を今も
残して営業を続けている。その左奥の背の
高いビルは地下鉄ビル。観音通り商店街の
角にある。さらに左奥には人形焼きの「紀
文堂総本店」のビルも見える。吾妻橋交差
点と雷門との間は至近距離で、人通りが絶
えない。
◎吾妻橋交差点
1972（昭和47）年11月11日
撮影：小川峯生

吾妻橋西詰から浅草雷門方向へ進む㉔系統須田町行きの4000形（左）と、福神橋行きの7000形（右）

吾妻橋の西詰風景。奥は江戸通りと交わる吾妻橋交差点で、㉒系統（南千住〜新橋）との交点でもある。右に東武浅草駅のビルが見える。正面の低いビルは「デンキブラン」でおなじみの神谷バーで、神谷酒造で造る「蜂ブドー酒」の広告も出ている。現在この一帯は背の高いビルの街になっているが、神谷バーは変らぬ姿を見せている。ちなみにこのビルは浅草一丁目1番地に在る。
◎吾妻橋西詰
1960（昭和35）年1月
撮影：小川峯生

吾妻橋交差点から雷門方向に向う㉔系統須田町行きの7500形
吾妻橋西詰側にある都電の停留場名は「浅草」だった。右手前が「神谷バー」。大和証券の奥1つ奥のビルは地下鉄ビル（上野
から浅草に到達した地下鉄銀座線はこの交差点を左折した地点が「浅草駅」で、東武の浅草駅と直結している）。地下鉄ビルに

も地下鉄連絡口があり、雷門、仲見世通り、浅草寺方面への参詣客の利用が多い。中央奥の高層建造物は、関東大震災で倒壊した展望塔・通称「浅草十二階」を模した仁丹の広告塔。写真の電車が渡っている線路は江戸通りの都電㉒系統（南千住〜新橋）のもの。㉒は単独系統だったが、運行本数は多かった。◎浅草（吾妻橋交差点）　1971（昭和46）年2月21日　撮影：田尻弘行

吾妻橋西詰にある浅草交差点を渡り、須田町へ向う㉔系統最終運転日の8000形

中央奥が吾妻橋。橋向うの背景は首都高速6号向島線とアサヒビール工場。交差点では浅草通りの㉓（福神橋～須田町）・㉚（寺島二丁目～須田町）と江戸通りの㉒（南千住～新橋）が交差していたが、㉒系統は撮影以前の1971（昭和46）年3月18日に廃止され、線路も撤去されていた。写真の㉔系統も翌1972年11月12日付けで㉓㉘㉙㊳と共に廃止となり、荒川線を除く都内の都電路線がが全廃となった。写真は㉔系統の最終運転日の模様で、車内は別れを惜しむ乗客であふれていた。
◎浅草　1972（昭和47）年11月11日　撮影：矢崎康雄

浅草雷門前を福神橋に向う㉔系統の7000形

右端に雷門があり、その門前角地にある浅草名物雷おこしの「常盤堂雷おこし本舗」。楼閣風の店舗がランドマークの1つとなっている。雷門通りの奥は国際通りとのT字路で、正面に「浅草十二階」を模した広告塔が見える。この位置には仁丹の広告塔がおなじみになっていたが、時々スポンサーが交代していた。雷門と国際通りとの間を右折すると「すしや横丁」とそれに続く映画館・劇場街があった。◎雷門　1970（昭和45）年7月24日　撮影：荻原二郎

初夏の風物詩・浅草神社三社祭で賑わう雷門前
三社祭は浅草神社の氏子44ヵ町を中心に行われる祭礼で、毎年5月の第3土曜日を基点とした金・土・日に行われる。漁師の檜前浜成（ひのくまのはまなり）・竹成（たけなり）兄弟に豊漁の方を伝授した博学の土師真中知（はじのまつち）の3柱を祀った浅草神社（三社権現・三社様）の祭礼は、江戸伝来の三基（一之宮、二之宮、三之宮）の神輿と百基の町内神輿が浅草の街を練り歩き、浅草の初夏の風物詩となっている。例年雷門通りは人であふれ、都電もバスも車ものろのろ運転となっていた。雷門前も祭礼中はこちらに観光客の関心が集まっていた。◎雷門　1971（昭和46）年5月　撮影：小川峯生

初夏の風物詩・浅草神社三社祭で都電も徐行運転
三社祭の神輿で賑わう雷門通り雷門〜田原町間の光景。神輿は大いに揺すって担ぐ威勢の良さに人気があり、勇壮な光景が人気を呼んでいる。三社祭は初夏を告げる風物詩だけに、祭の後は一気に夏を迎える気分になる。訪れる観光客も「夏が来た」という新鮮な気分が味わえる祭礼である。◎雷門〜田原町　1971（昭和46）年5月　撮影：小川峯生

国際通り雷門一丁目の「凌雲閣」(浅草十二階)を模した仁丹の広告塔を背景に、
寿四丁目交差点で信号待ちする㉔系統須田町行きの6000形

雷門通りをさらに西へ進むと国際通りとのT字路・雷門一丁目(旧・田原町)交差点に出る。都電は浅草通り方向に左折すると浅草一丁目(旧・田原町)停留場で、さらに進むと浅草通りとの寿町(現・寿四丁目)交差点に出る。写真は浅草通りからの撮影で、奥の高い建造物は関東大震災で倒壊した12階建ての展望塔「凌雲閣」を模した仁丹の広告塔。1932(昭和7)年からこの位置にあって浅草のシンボルの1つになっていたが、戦中の撤去と戦後の復活を経て1986(昭和61)年7月に姿を消した。「凌雲閣」は通称「浅草十二階」。1890(明治23)年に英人ウィリアム・K・バートンの設計で竣工した高さ52mの塔で、我が国初の電動式エレベーターを設置していた。跡地は浅草東映⇒大型パチンコ店を経て現在はオーケーストア浅草店になっている。なお、国際通り(台東区蔵前三丁目～台東区三ノ輪三丁目)には全区間市電(都電)を通す予定の軌道境界縁石が入っていたが、実際に電車が走ったのは上記浅草一丁目(旧・田原町)～寿四丁目(旧・寿町)間だけだった。
◎寿町交差点　1970(昭和45)年4月8日　撮影：井口悦男

浅草一丁目（旧・田原町）停留場で客扱い中の㉔系統上野駅前行きの6000形

雷門から田原町改め浅草一丁目に到着した上野駅前行きの㉔系統である。目の前が浅草名物・八ツ目鰻の「八ツ目鰻本舗・八ツ目製薬」で、主力の「強力八ツ目鰻キモの油」は今も人気があって訪れる人が多い。都電廃止後の最寄駅は浅草通りにある東京メトロ銀座線の田原町駅で、少し離れている。◎浅草一丁目（旧・田原町）　1970（昭和45）年7月24日　撮影：荻原二郎

浅草通りに戻って最初の停留場、菊屋橋に停車中の㉔系統須田町行きの7500形

本所吾妻橋で浅草通りと別れ、㉚系統と共に雷門通りを経由して寿四丁目交差点から再び浅草通りに戻った㉔系統は菊屋橋停留場に停まる。ここは新堀通りとの交差地点で、㉛系統（三ノ輪橋〜都庁前）との交点でもある。交差点の北側は現在「かっぱ橋道具街通り」という愛称名が付いていて、料理道具、食器類を求めて国内外からのプロや一般の買い物客で賑わっている。これは都電時代には見るられなかったものである。浅草通りはこの辺りから上野駅近くまで仏壇と仏具の専門店が軒を並べており、静かな活気といった雰囲気を見せている。一歩路地を曲れば寺院も多く、寺町の風景が広がっている。
◎菊屋橋　1970（昭和45）年7月24日　撮影：荻原二郎

松が谷一丁目（旧・清島町）停留場を発車して須田町に向う㉔系統の7000形
浅草通りの南側にはずっと仏壇、仏具店が続いているが、北側は日照の関係でさまざまな店舗や企業が並んでいる。神田神保町の古書店街と同じで、太陽光線は書籍や仏壇の敵なので、おのずとこのような配置となる。停留場間隔は短く、前方には上野駅前の風景が見えている。◎松が谷一丁目　1970（昭和45）年7月24日　撮影：小川峯生

下谷神社前（旧・稲荷町）の清洲橋通りとの交差点を渡る㉔系統上野駅前行きの6000形

浅草通りと清洲橋通り（台東区入谷〜清洲橋〜江東区東砂六丁目）が交差しているのが上野駅間近の下谷神社前（旧・稲荷町）で、清洲橋通りの入谷〜新大橋通りの間には市電（都電）予定線の軌道境界縁石が入っていた。神田の専修大学前と同様に、交差点の真ん中で現役の都電線路と縁石だけの予定線が交差していて好事家の眼を惹いていたが、1964東京オリンピック前後に道路改修で"縁石路線"の方は消えてしまった。地下鉄銀座線の駅は「稲荷町」のまま現在も変らないが、都電の方は稲荷町⇒東上野五丁目⇒下谷神社前と町名改正が絡んだ改称を繰返した。◎下谷神社前　1972（昭和47）年11月　撮影：小川峯生

下谷神社前（旧・稲荷町）の交差点を浅草方面へ進む㉔系統柳島車庫前行きの6000形

浅草通りの浅草方向を望むと当時としては広い道路が続いていた。下町の整備された道路は関東大震災の復興時に新設・改築・拡張されたものが多く、震災の被害が少なかったので後回しにされた山の手の狭くてカーブの多い道路とは同じ市内（都内）とは思えないほどだった。山の手が整備されたのは1964東京オリンピックからである。
◎下谷神社前
1972（昭和47）年11月
撮影：小川峯生

下谷神社前（旧・稲荷町）の交差点を浅草方面へ進む㉔系統柳島車庫前行きの7000形と青戸車庫行きの京成バス

浅草通り下谷神社前から上野駅方向を望む。道路をまたぐ首都高速1号上野線の高架が上野駅前の見通しを悪くしている。高架下は昭和通りで、自動車の激増と共に都電の割込む空間は日増しに減っていく時期だった。浅草通りを走る㉔㉚系統の利用客は多く、平行するバスも下町では利用客が多かった。写真の京成バスは上野駅前発着系統の1つだったが、昭和40年代半ばには都内中心部の都営バスと周辺部の民営バスにエリアが分けられて、民営の路線バスは都心部で見られなっていった。
◎下谷神社前
1970（昭和45）年4月8日
撮影：井口悦男

浅草通りの仏具店は浅草田原町付近から上野駅付近まで多数が店を並べていた

東西に走る浅草通りの南側は、陽光の当たらない北側向きに店を構える仏壇・仏具店が軒を並べ、上野駅近くまでその光景が見られた。電車は上野、須田町方面に向う㉔系統須田町行きの7000形。
◎下谷神社前
1970（昭和45）年7月24日
撮影：井口悦男

**下谷神社前（旧・稲荷町）の
停留場から上野駅を望む**
浅草通りの起点近くで、奥に上野
駅の駅舎ビルが見えるが、間に首
都高速1号上野線が通ったため見
通しはよくない。撮影当時は中層
ビルが並び始めた頃で、雑然とし
た印象はぬぐえなかったが、現在
は高層化が進み整然とした街並み
になっている。それに反して新幹
線の開業により上野駅の活気が失
われて、長距離列車の発着駅から
中距離列車の通勤客が主流の駅に
変ったのは惜しまれる。
◎下谷神社前
1972（昭和47）年11月
撮影：小川峯生

上野駅前停留場に停車中、㉔系統柳島行きの4000形（緑・黄の旧塗装）

上野駅前のヨーロッパ調の広大な停留場にシックな緑・黄の都電4000形が停車中の一景である。右の建物が上野駅の本屋で、
1932（昭和7）年の竣工。現在もほぼ原形を保っている。撮影時には都電のポール集電がビューゲル終電に変更が終った頃で、
系統番号札は菱形最後の年度に当り、翌1955年度からキノコ型、広告入りの系統番号に変った。行先が「柳島」となっている
のは当時の終点が車庫のある柳島だったため。福神橋まで延長されたのは1958（昭和33）年4月のことだった。

◎上野駅前　1954（昭和29）年8月26日　撮影：井口悦男

高速道路の下になってすっかり寂しくなった上野駅前停留場と㉔系統福神橋行きの6000形
広壮でスマートだった上野駅前の都電停留場も、すでに①㉑㉚系統が廃止され、残るは㉔系統だけという寂しさだった。その㉔系統も1972（昭和47）年11月12日の廃止日が近づいていた。別れを惜しんで乗り納め、記念撮影の乗客が押寄せるようになっていた。◎上野駅前　1972（昭和47）年11月5日　撮影：小川峯生

高速道路の下になった上野駅前停留場から柳島車庫に向う㉔系統の6000形
上野駅は変らないが、首都高速1号上野線が建設されたため、都電の停留場は狭隘なものとなっていた。㉔系統の廃止も迫っていて、撮影後まもなく姿を消した。写真は上野駅前を発車後、昭和通りの㉑系統（千住四丁目〜水天宮、1969年9月廃止）の線路跡を横断して浅草方面に向うところである。
◎上野駅前
1972（昭和47）年11月5日
撮影：小川峯生

上野に残った都電⑳系統との別れを惜しむ乗客が押寄せた上野駅前停留場

最後まで残った⑳系統との決別のため、廃止1週間前の日曜日には多数の乗客が押寄せた。下町の都電らしく、沿道から集まった老若男女の姿がほとんどで、都電がいかに暮しの中に定着していたかを物語っていた。

◎上野駅前　1972（昭和47）年11月5日　撮影：小川峯生

廃止間近、上野駅前から柳島車庫前に向うガラ空きの㉔系統7000形
都電の廃止が進み、ネットワークが崩れてくると利用しにくくなり、乗客も減った。高速鉄道に恵まれない下町地区では都電の利用客は最後まで多かったが、さすがに末期には空いた電車も増えていた。写真は上野駅前を出て昭和通りを越え、浅草通りに入ったところ。◎上野駅前　1972（昭和47）年11月5日　撮影：小川峯生

**廃止間近、上野駅前から福神橋に向う
ぎゅうぎゅう詰めの㉔系統8000形**
都電の部分廃止が近づくと、どの系統でも別れを惜しむ乗客が激増した。写真は㉔系統の廃止を控え、休日には多くの乗客が押寄せて超満員で浅草、押上、福神橋方面へ向う光景である。廃止後は代替の都バスが設定されたが、都電ほどの効力は発揮できなかった。
◎上野駅前
1972（昭和47）年11月5日
撮影：小川峯生

戦後風景が残っていた頃の上野駅前、中央通り起点付近
上野駅前から南口への分岐点付近。昭和20年代末の点描である。奥のＴ字路は昭和通りから中央通りが分岐する地点、左にライオン歯磨の広告塔が見える。上野駅周辺は戦災で焼失した街と焼失を免れた街があり、全体としては戦前からの街の風景を

戦後も長く保っていた。現在はこの画面全体が高層のビルに囲まれ、昭和通りの上には首都高速1号上野線が通っており、写真の時代を想像するのは難しい。電車は㉔系統の4000形須田町行き。◎上野駅前　撮影：田部井康修

戦後風景を払拭し、ショッピング、飲食店街に変った上野駅南口前停留場に停まる㉔系統の6000形
戦後も長らく上野駅前の零細な商店が並んでいたが、昭和30年代後半から再開発が進み、デパートの進出もあって街は一新した。道路は中央通り、地下には地下鉄銀座線の上野駅、正面ガードは山手・京浜東北線と東北本線の回送線、その奥が上野の山、左に京成ビルが見える。写真には出ていないが右側は巨大な上野駅である。
◎上野駅南口　1969（昭和44）年7月26日　撮影：井口悦男

戦後風景を払拭し、ショッピング、飲食店街に変った上野駅南口前停留場に停まる㉔系統の4000形

停留場は右奥の上野駅南口の正面。ガード上は手前から東北本線回送線（上野駅〜東京駅間）で、折しも高崎線所属のＥＦ53形電機が回送で通過中。同機は戦前の1932〜34（昭和7〜9）年に19両が製造された名機で、戦前は東海道本線、戦後は高崎線で活躍、上野でよく見かけた。1963〜68年に山陽本線の広島地区の補機ＥＦ59形に改造されて関東から去った。ガードを越えてすぐ左折すると「アメヤ横丁」である。◎上野駅南口　1961（昭和36）年7月16日　撮影：井口悦男

京成電鉄上野駅前にある上野駅南口停留場に停車中の㉔系統福神橋行きの7000形

左が地下にホームがある京成上野駅。右が大食堂・喫茶の聚楽台。上野の庶民的な盛り場は都電沿いに示せばここから上野公園、上野広小路の間と、写真右奥に平行するアメヤ横丁である。京成の上野駅は地下道で上野駅や近隣のビルに連絡しているので、路上での利用客の姿はあまり多くない。上野〜万世橋間の都電は①（上野駅前〜品川駅前）、㉔（福神橋〜須田町）、㉚（寺島町二丁目〜須田町）の3系統が頻繁に往来していた。◎上野駅南口　1972（昭和47）年5月29日　撮影：荻原二郎

国鉄ガードを抜けて中央通りを上野公園、上野広小路方向へ進む㉔系統の6000形
この電車は上野広小路折返し便。方向幕はすでに福神橋行きに変えてある。右のビルは「京成聚楽（じゅらく）ビル」、左の街路樹の奥が「京成上野駅」（地下駅。京成聚楽ビル、国鉄上野駅、地下鉄上野駅とは地下道で結ばれている）。左奥の平面的な

ビルが西郷さんの銅像下の崖に出来たレストラン・カフェの「聚楽台」。その奥上の段に「上野の森美術館」が見える。正面の奥には国鉄上野駅の高架ホームが少し見えている。この一帯も上野を代表する風景の１つで、都電も国電も生き生きとして見えたものだ。◎上野駅南口　1972（昭和47）年５月29日　撮影：荻原二郎

万世橋を渡り須田町終点に接近する旧塗装時代の㉔系統7000形2次型車

万世橋と言えば交通博物館と共に「肉の万世」がランドマーク。多くの都電記録写真に写り込んでいる。写真の7000形は1955（昭和30）年製の7000形2次車（7031～50）で、窓の大きな1次車よりも引締った印象で、前後のデザインを除くこのスタイルが1956年製の3次車（7051～93）に受継がれ、後年、荒川線で長く活躍した。戦災を免れた須田町の衣料品・繊維問屋街は大正末期～昭和初期の姿を戦後も長らく維持していた。◎万世橋　撮影：小川峯生

上野広小路から1停留所進んで
上野一丁目（旧・黒門町）停留場に
到着した㉔系統須田町行きの6000形

繁華な上野広小路から万世橋、須田町方面に進むと、撮影時には表通りは商工業地、奥に入ると瀟洒な住宅地が続いていた。中央通りの下には地下鉄銀座線が通っており、上野〜田原町〜稲荷町〜上野〜上野広小路〜末広町〜神田…と駅があった。速かったが小まめに停まる都電の利用も多かった。
◎上野一丁目
1969（昭和44）年6月28日
撮影：荻原二郎

中央通り須田町停留場（神田方向）に集まった都電の群

万世橋と中央線のガードを過ぎると須田町の交差点。この付近の中央通りには①系統（品川駅前〜上野駅前）、⑲系統（王子駅前〜通三丁目）、⑳系統（神明町車庫前〜銀座七丁目）、⑳系統（江戸川橋〜須田町）、㉔系統（福神橋〜須田町）、㉚系統（寺島二丁目〜須田町）が通り、交差する靖国通りには⑩系統（渋谷駅前〜須田町）、⑫系統（新宿駅前〜両国駅前）、㉕系統（西荒川〜日比谷公園）、㉙系統（葛西橋〜須田町）が通っていて、「都電のメッカ」と呼ばれていた。団子状に電車が詰まるのは茶飯事で、この写真では右前から㉔の8000形、⑳の6000形、⑲の3000形、左に㉚の4000形が顔を揃えている。ガードの奥が「肉の万世」ビル、さらに奥が秋葉原の電気屋街、ガードの左が旧・交通博物館。◎須田町　撮影：小川峯生

須田町停留場（神田方向）に到着した㉔系統の4000形
撮影時には須田町に中高層の新しいビルや外装を改めるビルが増え始めた頃で、基調は戦前からの繊維・洋服問屋街の姿を保っていた。しかし背後の中央線ガードの上にはオレンジ色の101系電車が行き交い、1964東京オリンピックを間近に控えて道路の新設、拡張、改修工事が開始され、街は日増しに喧騒の度を強めつつあった。
◎須田町　1963（昭和38）年2月19日　撮影：井口悦男

須田町停留場（上野方向）から柳島車庫前に向けて発車する㉔系統の4000形
須田町は㉔系統の起終点。これから上野、浅草、押上を経て柳島まで、台東区、墨田区の要衝を経て墨東地区に至る。利用客の多い下町路線で、都内路線の廃止でも、最後まで残った路線の1つだった。
◎須田町　1967（昭和42）年8月27日　撮影：日暮昭彦

25系統（西荒川〜日比谷公園）

【担当：錦糸堀電車営業所　営業キロ数：西荒川〜日比谷公園間10.4km　廃止：1968（昭和43）年9月29日】

　城東地区から下町の要衝を経て都心を結んでいた路線で、起点の西荒川と終点の日比谷公園との違い（落差）も大きく、興味深い系統として人気があった。西荒川〜錦糸堀間は旧・城東電気軌道からの併合区間で、工場・住宅密集地帯の生活路線、錦糸堀〜両国〜須田町〜小川町間は京葉道路、靖国通りに沿った下町の商業地区、小川町〜神田橋〜大手町〜日比谷公園間はオフィス街となって変化に富み、主要区間ごとに異なる利用層や都電ファンが見られた。使用車両は小型の1200形を車体延長した大柄な1500形を主体にしていたため、都心部では目立つ存在だった。㉕系統の折返し場は、三信ビル（現・東京ミッドタウン日比谷）と東京宝塚劇場の間にあった専用引込線だったが、1961年に廃止された。

停留場 1962（昭和37）年当時

西荒川 ・ 小松川四丁目 ・ 小松川三丁目 ・ 浅間前 ・ 亀戸九丁目 ・ 亀戸七丁目 ・ 亀戸六丁目 ・ 水神森 ・ 亀戸駅前 ・ 錦糸堀 ・ 錦糸堀車庫前 ・ 江東橋 ・ 緑町三丁目 ・ 緑町二丁目 ・ 東両国緑町 ・ 東両国三丁目 ・ 東両国二丁目 ・ 両国 ・ 浅草橋 ・ 豊島町 ・ 岩本町 ・ 須田町 ・ 淡路町 ・ 小川町 ・ 美土代町 ・ 神田橋 ・ 大手町 ・ 和田倉門 ・ 馬場先門 ・ 日比谷公園前

地盤沈下で水面すれすれの旧中川専用橋を渡る㉕系統日比谷公園行きの1500形
旧城東電気軌道が開業した当時の錦糸町、亀戸は工業地帯として急激な発展を遂げていたが、その周辺部はまだ水田や低湿地が広がっていた。都市計画も無いままに町工場や零細な住宅が増えたのは大正末期から昭和初期、戦時中にかけてのことで、㉕系統の沿線は工業地帯の景観に変っていった。戦後は地盤沈下が進み、写真の旧中川も工場や住宅より水面が高いという風景が常態化していった。都電の廃止後は高速7号線が鉄橋跡の頭上を通過している。
◎旧中川専用橋　1966（昭和41）年2月5日　撮影：日暮昭彦

首都高速7号小松川線の工事が始まって、城東電軌以来の面影が消えていく㉕系統の西荒川停留場

㉕系統（西荒川〜日比谷公園）は1942（昭和17）年の戦時統合で市電（翌1943年7月から都電）の仲間に入った旧・城東電気軌道が建設した幹線で、京葉道路の亀戸九丁目以東は将来、西荒川から東荒川、今井橋を経て浦安方面を結ぶ計画があったため、「複線の専用軌道」になっていた。しかし西荒川〜東荒川間には建設中だった荒川放水路が完成の時期を迎え、西荒川〜東荒川間の接続は実現しなかった（後の都電の系統で言えば㉕系統と㉖系統に分断）。写真は㉕系統西荒川の起終点風景で、いつでも

荒川放水路を越えられるように仮設風の簡素なターミナル風景を見せていたが、都内を走る都電が末期を迎えた頃から23区内の首都高速道路の建設も一気に進み始め、西荒川付近は首都高速7号小松川線が都電の専用軌道上に建設された。それに伴って西荒川からの㉕系統の都電は撮影直後の1968（昭和43）年9月29日に廃止となった。現在、何も面影は残っていない。
◎西荒川　1968（昭和43）年9月9日　撮影：矢崎康雄

荒川放水路（現・荒川）の土手下にあった西荒川停留場で発車を待つ㉕系統の1500形

東京を水害から守るための人工河川・荒川放水路（赤羽岩淵〜東京湾）の建設に着工したのが1911（明治44）年。1924（大正13）年に通水を開始、付帯工事を含めて完成したのは1930（昭和5）年のことで、同期の大阪・新淀川建設工事と並ぶ国家的一大プロジェクトだった。放水路には道路橋13（鉄橋1、木橋12）と、常磐、総武、東武、京成線の鉄道橋6が架橋された。しかし、1917（大正6）年に錦糸町〜小松川、1925（大正14）年に東荒川〜今井、1926年に小松川〜西荒川間を開業していた旧「城東電気軌道」は放水路を越える専用橋の建設がかなわず、小松川橋を経由するバス連絡となった。写真は西荒川の㉕系統専用の停留所風景で、奥の突当りが放水路の堤防である。そこから直線で放水路の対岸にある旧㉖系統の旧東荒川停留場を結んでみると、ぴったり延長線上で合致していた。荒川放水路は1965（昭和40）年に「荒川」と改称されている。
◎西荒川　1966（昭和41）年2月5日　撮影：日暮昭彦

西荒川停留場で入線を待つ㉕系統の1500形

西荒川の停留場を少し引いてとらえた1枚である。かなり傷んでいて使用されていなかったが、小さな駅舎が右手にあった。奥の荒川放水路から停留場を見下ろすことは出来たが、次第に建屋が増えたのと、やがて首都高速7号線の建設が始まって都電は肩身が狭くなっていった。
◎西荒川
1966（昭和41）年2月5日
撮影：日暮昭彦

中川専用橋を渡り西荒川へ向う㉕系統1500形のトップナンバー 1501号車

地盤低下のため、水面すれすれながら両岸の工場が並ぶ低地よりは高く、両端橋詰は太鼓橋状になっていた。1200形の時代から改造後の1500形の時代も共にこの橋との組合せは絶妙で、幾多のカメラに情景が収められている。1500形への改造は1961（昭和36）年から46両に行われ、全て錦糸堀車庫に所属していた。

◎旧中川専用橋　1966（昭和41）年2月5日　撮影：日暮昭彦

旧中川の専用橋を渡り錦糸堀車庫に向う㉕系統の1500形
荒川放水路の建設によって分断され弓形の水路として残っていた旧中川（放水路より上流は放水路と平行する新水路を流れ、やや下流で放水路と合流）のを都電が渡る光景である。橋梁が低く見えるのは、いわゆる「江東ゼロメートル地帯」の地盤沈

下で沈んだ結果。満潮時にはほとんど橋脚が見えなくなり、水面すれすれに走っていた。現在は首都高速７号線が頭上を走り抜けている。◎旧中川　1968（昭和43）年９月22日　撮影：高井薫平

浅間前停留場付近を日比谷に向けて進む㉕系統の1500形
古地図と航空写真で眺めると昭和初期の亀戸以東は水田と
虫食い状に工場街が広がっていく姿が残されている。戦時
中までに大小の工場が密集し、その姿が都電廃止の頃まで
続いていた。浅間前は浅間神社前の略称だが、緑の乏しい
工場街の一角になっていた。
◎浅間前
1966（昭和41）年2月5日
撮影：日暮昭彦

工場と住宅が密集する浅間前停留場に
停車中の㉕系統西荒川行き1500形
専用軌道区間でよく見られた情景だが、ここでは商店の姿が乏し
く、町工場と住宅が密集していた。電車の本数は多く、利用客も
多い停留場だった。踏切のＸ型標識は、戦後の米軍の命令で全国
の踏切に設置されたもので、軌道線踏切には小型のものが設置さ
れていた。米軍が踏切の標識と電車の尾灯（赤ランプ）にこだわっ
たのは、地方出身の米兵が多かったため、事故防止に努めた結果
と言われている。
◎浅間前　1966（昭和41）年2月5日　撮影：日暮昭彦

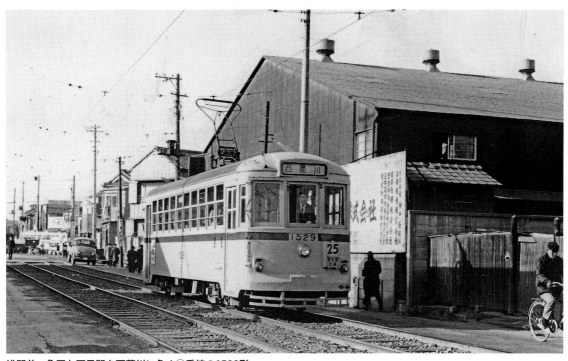

浅間前～亀戸九丁目間を西荒川に急ぐ㉕系統の1500形
西荒川から専用軌道を走ってきた㉕系統は、亀戸九丁目で京葉道路（国道14号。墨田区両国一丁目～江東区篠崎二丁目）の併用
軌道に入り、そのまま靖国通りを経て日比谷に向う。亀戸九丁目は専用軌道と併用軌道の接点で、独特の人の流れが見られた。
写真は専用区間から併用区間方向を見たもので、ここから亀戸、錦糸町、両国…と下町の繁華街を縫って㉕系統は進む。
◎浅間前～亀戸九丁目　1966（昭和41）年2月5日　撮影：日暮昭彦

亀戸九丁目から西荒川方向を振り返る
亀戸九丁目～西荒川間の専用軌道を
亀戸九丁目から眺めたもの。大小の工
場が密集している様子がわかる。画面
からは感じられないが、目に映る光景
はすべて江東デルタの海抜ゼロメート
ル地帯にあり、荒川放水路を始めとす
る河川の堤防と排水ポンプによって守
られている。高度成長後の地盤沈下は
ほぼなくなっているが、沈んだものは
元に戻らず、今後も多大な努力と対策
が必要とされている。
◎浅間前～亀戸九丁目
1966（昭和41）年2月5日
撮影：日暮昭彦

錦糸堀車庫でお披露目、小型1000形の車体延長で誕生した中型1300形
小型車両の収容力増加をはかって試験的に扉間窓8個の1000形の中央部に窓2コを増設して車体を延長して1301号車とし、6000形に近づけた改造が1955（昭和30）年に行われた。翌1956年には同系の1100形1両に同様の改造を施し、1302号車が誕

生した。共に錦糸堀車庫にあって下町路線で所期の成果を納めたので、1200形⇒1500形への車体延長が行われ、1500形は46両に達して錦糸堀担当の系統で活躍した。◎錦糸堀車庫　1955（昭和30）年11月26日　撮影：江本廣一

**両国から西荒川方面に向う
㉕系統の1500形**

両国は日比谷公園から西荒川に向う途中の要衝の1つ。右は戦前までの旧国技館。戦後米軍に接収されたが、返還後は日本大学の講堂として使用していた。大相撲は長らく蔵前の仮設国技館に移動していたが、1984（昭和59）年11月に現在の国技館が竣工し、そちらに戻ってきた。左に分れていく線路は両国駅前に行くもので、⑫系統（新宿駅前〜両国駅前）が専用で使っていた。両国駅が房総方面へのターミナルだった時代から重要な系統だったが、両国始発の列車が減り、単なる折返し線となっていた。戦後は線路を両国貨物駅内まで延長し、都電の貨物電車乗入れと都電新造車の受取りに使用された。現在は都電は消えたものの旧貨物駅跡に誕生した新国技館と江戸東京博物館で賑わいを見せている。
◎両国
1967（昭和42）年12月
撮影：井口悦男

両国橋で行き交う㉕系統の1500形
隅田川に架る両国橋はその美しさから名橋の1つに数えられる。ここでは旧国技館を背景に浅草橋、須田町方面に進む㉕系統の1500形（右）と、錦糸町、亀戸方面に向う1500形（左）がすれ違ったところである。両国の川開き花火大会は、戦中の中止のあと復活していたが、諸般の事情から1961〜77（昭和36〜52）年は中止、1978年以降、上流の桜橋〜言問橋、駒形橋〜厩橋の間で隅田川花火大会として復活している。
◎両国橋　撮影：小川峯生

須田町停留場に停車中の㉕系統1500形
須田町一帯の繊維問屋がひしめく中に須田町交差点があり、独特の雰囲気を漂わせていた。戦災を免れていたので大正末期、昭和初期の建物が並び、一時期までは正統な東京の街角風景を作っていた。しかし昭和30年代末から増改築が進み、次第に戦後の市街地の姿に変って行った。都電1500形は小型の1200形を車体延長・低床化した形式で、下町路線で実力を発揮していた。側面の腰板の裾が低いのは、原形が高床車で床面を低く見せかけていた名残である。
◎須田町　1961 (昭和36) 年12月29日　撮影：小川峯生

須田町に集う旧塗色時代の
㉕系統1200形 (1500形の原型) と、
㉙系統、⑫系統の6000形
須田町交差点、靖国通りの都電風景。奥が両国、錦糸町方面、左奥が小川町、九段下方面、交差しているのが中央通りで、左が上野方面、右が神田駅方面である。都電のメッカ・須田町には靖国通りに⑩系統 (渋谷駅前〜須田町)、⑫系統 (新宿駅前〜両国駅前)、㉕系統 (西荒川〜日比谷公園)、㉙系統 (葛西橋〜須田町)、中央通りに①系統 (品川駅前〜上野駅前)、⑲系統 (王子駅前〜通三丁目)、⑳系統 (江戸川橋〜須田町)、㉔系統 (福神橋〜須田町)、㉚系統 (寺島二丁目〜須田町)、㊵系統 (神明町車庫前〜銀座七丁目) が集まっていて、常に電車と利用客で賑わっていた。電車は交差点を渡ってから折返していたので、写真の車両の方向幕は手前から㉕錦糸堀、㉙葛西橋と前もって変えてあり、後続の⑫は正式の「新宿駅」となっている。
◎須田町
1958 (昭和33) 年1月4日
撮影：小川峯生

靖国通りの須田町から西荒川に向う㉕系統の1500形
須田町は靖国通りと中央通りの交差点で、多数の系統が集まる都電のメッカだった。西荒川と日比谷公園を結ぶ㉕系統は、ここでも代表的な下町と都心を結ぶ路線の重鎮として重きを成していた。亀戸までは総武線とぴったり並行していたが、利用客は多く、須田町の停留場は乗降客であふれることが多かった。1500形も貫禄充分で巨体に見え、収容力の大きさが感じられた。
◎須田町　1966（昭和41）年6月26日　撮影：日暮昭彦

神田橋交差点から日比谷通りに直進する㉕系統の1500形
須田町から小川町から本郷通りを南下して、神田橋に到着したところの1枚である。奥が美土代町、小川町方面、手前背後が日比谷通りの大手町、日比谷方面、交差点の右が新常盤橋、東京駅八重洲口方面、左が一ツ橋、神保町方面で、都電は②(三田〜曙町(後に東洋大学前))、⑮(高田馬場駅前〜茅場町)、⑰(池袋駅前〜数寄屋橋)、⑱(志村坂上〜神田橋)、㉕(西荒川〜日比谷公園)、㉟(巣鴨車庫前〜田村町一丁目)、㊲(三田〜駒込千駄木町)が行き交う要衝でもあったが、周辺は官庁・ビジネス街で、比較的物静かな都電のメッカだった ◎神田橋 1966(昭和41)年8月28日 撮影：荻原二郎

神田橋交差点から小川町、須田町方面、西荒川に向う㉕系統の1300形
日比谷から大手町経由で直進してきて神田橋交差点を目前にしているところ。車両は小型の1000形を車体延長して中型車に変身した1300形。緑／黄の旧塗色時代は見栄えが良かったが、クリーム／えんじ帯になってからは実に平凡な電車に見えた。こ

の延長工事が成功したので1200形⇒1500形の工事が行われ、1500形は46両に達していた。ちなみに中型車の代表6000形に比べると、1300、1500形は共に車体幅が10cm広く、詰込みが効いて下町路線で重用された。
◎神田橋　1960（昭和35）年10月21日　撮影：小川峯生

檜舞台だった日比谷〜馬場先門間を西荒川に向う㉕系統の1500形1535
㉕系統都心部の起点は日比谷通りの停留場から分岐した日比谷の映画・演劇街の折返し線末端部となっていた。昭和初期の道路・路線再開発の際の名残で、旧線の一部を残して活用していたものだが、1961（昭和36）年3月に廃止となった。日比谷通りを走る都電は②三田〜曙町、⑤目黒駅前〜永代橋、㉕西荒川〜日比谷公園、㉟巣鴨車庫前〜田村町1丁目、㊲三田〜駒込千駄木

町の多岐に渉っていたが、下町から直通してくる系統は㉕系統だけだった。車両も銀座などの都心部や山の手では見られない
1500形（1200形の車体延長車）が主力で、その大柄なスタイルによって存在感と貫禄を見せていた。写真の右手ビルは第一生
命相互館、左に帝国劇場、東京會舘などが続いていた。画面の左は内濠と皇居である。
◎日比谷　1968（昭和43）年9月9日　撮影：矢崎康雄

神田橋交差点から日比谷通りを進む㉕系統の1500形
㉕系統は神田橋から日比谷公園まで日比谷通りを直進する。進行方向右手は皇居、左手が大手町、丸の内のビジネス街で、起点の西荒川とは別天地の観が強まる。㉕系統にとっては晴れの舞台で、他系統に交って2500形はひときわ目立つ存在だった。
◎大手町　撮影年月日不詳　撮影：小川峯生

26系統（東荒川〜今井橋）

【担当：錦糸堀電車営業所　営業キロ数：東荒川〜今井橋間3.2km　廃止：1952（昭和27）年5月20日】

旧・城東電気軌道から受け継いだ都電路線のうち、㉕系統の西荒川停留場から荒川放水路（現・荒川）を挟んで対岸の東荒川〜今井橋間の専用軌道を走っていたのが㉖系統（城東時代は今井線、都営後は一之江線）である。社では西荒川〜東荒川間の接続を悲願としていたが実現せず、川向こうの田園地帯を走る短路線として知られていた。全区間が小松川線に準じた複線規格の道床、鉄骨架線柱で建設されたが、西一之江〜一之江間のみ交換のため複線とし、それ以外は単線だった。城東時代から4輪単車を使用、都営後は400形単車4両によって運行されていたが、トロリーバスによる近代化計画により、1952（昭和27）年5月20日に廃止となり、同日トロリーバス101系統（今井〜上野公園）が開通した。

停留場 1951（昭和26）年当時 ....

東荒川　東小松川　松江　西一之江　一之江　瑞江　今井橋

車両交換のため複線になっていた西一之江〜一之江間を今井橋に向う㉖系統の400形
◎1952（昭和27）年2月2日　撮影：荻原二郎

■城東電気軌道と荒川放水路

　旧・城東電気軌道から受け継いだ都電路線は、小松川線（錦糸堀〜西荒川間3.6km。㉕系統が走った）、砂町線（水神森〜東陽公園前間4.1km。㉙㊳系統が走った）と、荒川放水路対岸の一之江線（東荒川〜今井橋間3.2km。㉖系統が走った）の3線だった。旧城東の路線は1917〜27（大正6〜昭和2）年の間に開業しているが、この10年の間には東京を大水害から守るための人工河川「荒川放水路」（1965年に本流となり現・荒川）の建設工事も進んでいた。荒川放水路は赤羽の岩淵水門から中川の東京湾河口に至る22kmに及ぶ長大なもので、1911（明治44）年に着工、1924（大正13）年に通水、1930（昭和5）年に完成した。完成時には鉄道橋4橋（常磐線、東武伊勢崎線、京成押上線、総武本線。京成本線〔上野線〕は工事中のため1931年に完成）、道路橋13橋（鉄橋1〔千住新橋〕、木橋12）も完成していた。

■一之江線の開業と孤立化

　城東電軌では1925（大正14）年12月に通水後の荒川放水路の対岸・東荒川〜今井橋間3.2kmの今井線（都営化後の一之江線）を開業した。浦安方面への延長を考えた複線の用地を確保した単線（西一之江〜一之江間のみ交換のため複線化）で、線路規格は小松川線に準じていた。それに合せて小松川線の小松川（後の小松川四丁目）から放水路の土手下までを1926（大正15）年に延長し、「西荒川」停留場を開業した。ここから対岸の「東荒川」までは直線の鉄橋で結べばぴたりと1本の路線になる設計だった。しかし、放水路に架る鉄道橋は高速鉄道路線だけで、軌道線の専用橋は1橋も無く、併用軌道の橋も皆無だった。城東電軌では大島、砂町地区、放水路を越えて浦安方面に路線網を拡げる案を抱いていたが、東京市電も大島・砂町地域に路線網を築く計画があり、結局、城東電軌は今井線（一之江線）を建設しただけで小松川線との接続はあきらめ、バス連絡となった。少し上流に架けられた初代の小松川橋も木橋で、そうせざるを得ない事情もあった。結局、東荒川〜今井橋間は離れ島の存在となって地域のささやかながらも重要な足として歩み始める。

東荒川停留場に停車中の城東電軌1形24
◎東荒川　1938（昭和13）年4月14日　撮影：荻原二郎

■都営化と戦後の一之江線

　城東電気軌道は1937 (昭和12) 年に東京乗合自動車 (青バス) への合併、さらに1938年に同社の東京地下鉄道 (地下鉄銀座線の浅草〜新橋間を建設) への合併を経て、1942 (昭和17) 年2月に戦時統制の一環として東京市に買収され「東京市電」の一員となる。さらに翌1943年7月に「東京都」が発足し、「都電」となって戦後を迎える。

　城東電気軌道の車両は小松川車庫と疎開先の青山車庫が戦災で被災したために多数が焼失し、可動車として残ったのは木造単車の「2」号車1両のみで、都電400形の一部と共に貨物電車として3年ほど生き延びた。

　城東から引継いだ車両は●1形 (1〜9。旧城東1形単車、2のみ生き延び、9は焼失、他は廃車)。●10形 (11〜15。旧城東80形81〜85。旧京王電軌23形高床木造ボギー車。全車焼失)。●20形 (21〜27。旧城東50形51〜57。1924年製の高床木造ボギー車。戦災で全車焼失)。●30形 (31〜37。旧城東60形61〜64、70形71〜73。1927・1929年製の高床半鋼製ボギー車。戦災で全車焼失)。以上、28両であった。

　一之江線の車両検修は線路がつながっていないため、小松川橋経由で行われた。コロによる人力、牛力移動で、社の時代には小松川車庫、戦後は錦糸堀車庫または芝浦工場に送っていた。城東時代には1形、都営後は400形に交代していたが、1924 (大正13) 年に200両が量産された400形が戦後も多数残っていた時期には車両を交換して一之江線に送り込んでいた。しかし400形も順次廃車が進んでからは専用車両として4両が401〜404に改番されて、同線の専用車となった。系統板の㉖も廃止されて東荒川向きの前面には「東荒川」。今井橋向きの前面「今井橋」と記した白地に黒文字の縦板が取付けられた。

■トロリーバス101系統と交代して廃線に

　東京のトロリーバスは1912 (明治45) 年に試作車が走行に成功していたが実用化はしなかった。大正末期から関西の箕面、京都市で実用化が進んだが、東京市の場合は、関東大震災の後、市電網の拡大を図り、現在の視点で見ると"無軌条電車による建設"と見られる予定線も含まれていた。江東地区に絞ると、その計画は城東電軌のエリアにも入り込んでいて、大島や砂町地区に環状線を敷設する案も含まれていた。戦中末期に開業した境川〜葛西橋間の「葛西橋線」はその一部が実現したものである。戦後のトロバス4系統の路線もすで

に昭和初期の図面には入っていた (単に「計画路線」とし、トロリーバスとは明記していないが)。

　一之江線の代替としてトロリーバスに免許が下ったのは1950 (昭和25) 年のことで、品川駅前〜亀戸駅前、上野公園〜亀戸四丁目、今井〜亀戸駅前が認可された。翌1951年に今井無軌条電車営業所が江戸川区江戸川四丁目に開設され、1952 (昭和27) 年2月に着工、1952年5月20日にトロリーバス今井〜上野公園間が開通して、都電㉖系統は同日廃止となった。東荒川〜今井橋間は都電が姿を消し、平行する今井街道にトロリーバスが開通し、上野まで直通するという一大改良事業の完成だった。

■後継のトロバスも廃止に

　最盛期のトロバス路線は、【101】今井〜上野公園、【102】池袋駅〜品川駅、【103】池袋駅〜亀戸駅、【104】池袋駅〜浅草雷門の4系統51.4kmに達し、川崎市、横浜市、京都市、大阪市を抜いて我が国最大の規模を誇った。車両は1952年製50形20両、1953年製100形5両、1954〜57年製200形39両、1958〜62年製250形15両、1956〜58年製300形34両、1959〜62年製350形8両が各系統を走った。全車日野のシャーシ、富士自動車 (⇒富士重工) の車体だったが、一部ナニワ工機 (⇒アルナ工機)、川崎車輌、日本車輌製の車体も含まれていた。

　高度成長期と重なったため、トロバスは自動車の渋滞に巻き込まれ、トロリーがあるために小回りが効かないというデメリットが顕在化して、1967 (昭和42) 年以降短縮・廃止が始まり、最後まで残った101系統の今井〜上野公園間が1968 (昭和43) 年9月30日に廃止となって、東京からトロバスの姿が消えた。

　以上が一之江線と代替トロリーバスの始末記である。

複線規格だった一之江線、今井橋から東荒川〜東小松川間を走る㉖系統の400形
◎1952（昭和27）年2月2日　撮影：荻原二郎

◎今井橋付近　1952（昭和27）年2月2日　撮影：荻原二郎

◎今井橋付近
1952（昭和27）年2月2日
撮影：荻原二郎

27系統（三ノ輪橋〜赤羽）

【担当：荒川電車営業所　営業キロ数：三ノ輪橋〜赤羽間10.1km　廃止（王子駅前〜赤羽間4.1km）：1972（昭和47）年11月12日】

　旧・王子電気軌道が1913（大正2）年に開業した旧三河島線（三ノ輪〜熊野前）、旧荒川線（熊野前〜王子駅前）、1926（大正15）年に開業した旧赤羽線（王子駅前〜赤羽）を合せた系統だった。1942（昭和17）年に東京市営、翌1943年に東京都営となり、1972（昭和47）年7月に廃止となった旧赤羽線を除いた区間が現在の「荒川線」を構成している。旧王子電気軌道は荒川に沿った水田地帯に建設されたが、明治末期からの工業化と沿線人口の急増で住宅と町工場の間を走る路線に変り、市街地化が進む山の手の大塚、早稲田方面へも路線を伸ばしていった。都電廃止が進んだ昭和40年代に、㉗系統の残存区間は㉜系統（荒川車庫前〜早稲田）と統合して「荒川線」と改め、唯一の都電として現役を通している。

停留場 1962（昭和37）年当時

三ノ輪橋／荒川区役所前／荒川二丁目／荒川七丁目／町屋二丁目／町屋一丁目／尾久町一丁目／熊野前／宮ノ前／小台／尾久六丁目／荒川車庫前／梶原／栄町／王子駅前／王子二丁目／王子三丁目／王子四丁目／神谷橋／北区神谷町／神谷三丁目／志茂二丁目／志茂三丁目／岩渕町二丁目／赤羽

旧王子電気軌道時代の面影を残していた三ノ輪橋停留場、旧王電車両170形が㉗系統の赤羽行きとなって発車待ち

旧王子電気軌道の三ノ輪橋〜王子駅前間は専用軌道、王子駅前〜赤羽間および王子駅前〜飛鳥山間は併用軌道、飛鳥山〜早稲田間は専用軌道だった。三ノ輪橋〜赤羽間の㉗系統は全区間が下町路線で、㉜系統（荒川車庫前〜早稲田）の飛鳥山〜早稲田間の山の手路線とは対照的だった。車両は荒川車庫の担当で、㉗㉜とも共用で使われていたので格差は無かった。都営後も最後まで生き延びた12両は旧王電200形の後身で、1927（昭和2）年日本車輛製の160形7両、同年川崎車輛製の170形5両。共に半鋼製の高床車で、車体は昭和30年代初めに更新されて違和感なく都電車両に溶け込んでいた。
◎三ノ輪橋　1966（昭和41）年8月13日　撮影：日暮昭彦

原型を留めていた頃の三ノ輪橋停留場全景
㉗系統だけの発着だったので、2面2線を使用して発着していた。正面の黒ずんだビルが「王電ビル」で、国道4号に面した
正面入り口。都電ホームとの間と付近に小規模は食料品店、雑貨店が並んでいた。表通りには㉑系統（千住四丁目〜水天宮）や

都バスが行き交い賑わっていたが、王電ビルを通り抜けると別世界が広がり、密集した民家と町工場が広がる中を専用軌道で王子駅前方面に向っていた。至って生活臭が強く、車窓からサンマを焼く煙が漂ってくることも珍しくなかった。現在は唯一残った都電「荒川線」となって、新車で揃いすっかり綺麗になっている。◎三ノ輪橋　1961（昭和36）年9月　撮影：矢崎康雄

昭和初期の半鋼製路面電車のスタイルを残していた旧王電の160形

旧王電の200形は同社初の半鋼製高床車として、1927（昭和２）年に計23両が新製された。都営になっからはメーカーや若干の
スタイルの違いから150形（151 ～ 157、田中車輌製）、160形（161 ～ 168、日本車輌製）、170形（171 ～ 178、川崎造船所〔後
の川崎車輌〕製）に分けられた。150形は3000形鋼体化のタネ車となって1952年に姿を消し、譲渡車を除いた160形７両、170
形６両は車体更新を受け、昭和40年代初期まで㉗㉜系統で働いて生涯を終えた。なお、170形は同期に川崎造船で製造された
大分交通別大線（大分駅前～別府～亀川駅前）の100形16両とはほぼ同型で、「兄弟電車」の観があった。
◎三ノ輪橋　1961（昭和36）年９月　撮影：矢崎康雄

三ノ輪橋停留場を王子寄りから遠望する

三ノ輪橋停留場の全貌がよく判る１枚である。手前に降車扱い中の170形があり、奥の右に発車寸前の赤羽行き160形、その左
奥には2500形（元杉並線）が発車待をちしている。正面奥の左寄りには日光街道に面した王電ビルのくすんだ姿があり、右手に
は東莫ストアの低層ビルが見える。王電ビルの外に出れば国道４号（奥羽or日光街道）で、㉑系統（千住四丁目～水天宮）の行き
交う電車通りの繁華街だった。この時期の荒川線・三ノ輪橋停留場はすべて㉗系統赤羽行きの電車のみ。㉜系統は荒川車庫前
～早稲田間の運行だった。◎三ノ輪橋　1965（昭和40）年９月４日　撮影：日暮昭彦

三ノ輪橋停留場降車ホームに到着した㉗系統赤羽行きの3000形
三ノ輪橋のホームは2線あり、㉗系統単独だった時期にはどちらからも発着できたが、通常は写真の位置で降車扱いをしていた。ホーム周辺も奥に見える沿線の風景も、現在よりは地味で庶民の生活感にあふれ、観光客やマニアが興味をもって訪れる雰囲気ではなかった。◎三ノ輪橋　1966（昭和41）年8月13日

三ノ輪橋停留場で発着する㉗系統
現・荒川線となる前の三ノ輪橋停留場は、
三ノ輪橋〜赤羽間の㉗系統専用だったが利
用度が高く、常に電車と乗降客の姿があっ
た。写真は停留所から町屋一丁目、荒川車
庫前、王子駅前方向を見たもので、到着し
た電車が入場待ちをするほど活気に満ちて
いた。右端の電車は王子電気軌道引継ぎの
170形で、車体更新済み、中央の1000形は
ほぼ原形、奥の6000形2両は撮影当時中
堅どころとなっていた。沿線風景は大正・
昭和初期の風物を残していて庶民的だっ
た。
◎三ノ輪橋
1961（昭和36）年9月
撮影：矢崎康雄

三ノ輪橋停留場を出て赤羽に向う㉗系統の3000形
三ノ輪橋を発車してしばらく進んだところ。現在はカーブする手前に「荒川一中前」停留場が2000（平成12）年に開業して街も美しくなっている。三ノ輪橋から続く商店街「ジョイフル三ノ輪」の振興をはかっているが、新停留場を利用する観光客は多くない。◎1966（昭和41）年8月13日　撮影：日暮昭彦

「荒川線」になってから施設、車両の近代化に取組み始めた頃の町屋二丁目停留場と車体新造後の7000形

旧王子電軌から引継いだ㉗㉜系統は、1974（昭和49）年10月1日に「荒川線」と改称されてから急速に施設・車両の改良と近代化が進んだ。それまでの良く言えば庶民的、悪く言えば場末的だった路線が美しく整備され、線路沿いの道路も都市計画に合せて拡張されていった。写真はその工事が始まった頃の記録で、7000形電車は車体を新製して生れ変ったばかり。ホームのかさ上げが後回しになり、しばらく乗降には不便だった。当停留場は京成電鉄の町屋駅前停留場の隣に立地しているため、現在は広々とした道路と高層のマンションが建ち並びんで、景観はすっかり変わっている。

◎町屋二丁目　1978（昭和53）年4月8日　撮影：矢崎康雄

軌道敷地

味井時店

昭和の戦前戦後の沿線風景を残していた頃の東尾久三丁目(旧・尾久町一丁目)停留場に到着した㉗系統三ノ輪橋行きの6000形
　ホームに面した居酒屋、酒場、飲食店など。各地の専用軌道を走る路面電車でよく見られた光景である。荒川線となる前には沿線に密集住宅が広がり、このような「電停」がいくつか見られたが、順次路線の改良が進み、街も都市計画に基づく再開発

でこの雰囲気は消えていった。現在のこの停留場は両側が道路になり、その中央に食い違いの屋根付きホームが置かれたライトレール風の姿に変っている。◎東尾久三丁目　1970（昭和45）年11月12日　撮影：荻原二郎

荒川遊園地最寄りの西尾久七丁目（現・荒川遊園地前）停留場に停まる㉗系統三ノ輪橋行きの8000形

王子電軌の沿線が水田地帯から商工業・住宅の街に発展を遂げていた1922（大正11）年11月に、王電の線路から近い隅田川の河畔に「あらかわ遊園」が開園した。1932（昭和7）年に王電の所有となり、停留所名は戦時体制で1939（昭和14）年に「尾久町六丁目」と改称、戦後は尾久町七丁目を経て1983（昭和58）年に「荒川遊園地前」と改称して現在に至っている。遊園地の方は、王電が都営化された後は閉園状態だったが、戦後の1950（昭和25）年に荒川区立の「あらかわ遊園」となって復活した。都電停留場の方も1983（昭和58）年に「荒川遊園地前」と改称して現在に至っている。人気のある遊園地で、都電で訪れる家族連れが多い。

◎西尾久七丁目（現・荒川遊園地前）
1970（昭和45）年11月12日
撮影：荻原二郎

荒川線となる前の㉗系統末期を代表していた6000形と7000形
昭和30年代末までの荒川線前身の㉗㉜系統は、旧王電引継ぎの160、170形と都の車両1000、3000、7000、8000形から成っていた（最多は1000形の20両）。昭和40年代に入り都内線の廃止が進むと、2500、6000、7000、7500形の転入があって、一気

に近代化が進んだ。写真は転入期のもので、右より左へ6234は三田車庫から、7071は広尾車庫から、7064は巣鴨車庫からの転属車だった。荒川車庫の建屋、配線などは王電時代とほぼ同じ。撮影日が祝日だったので各車とも国旗を掲げている。
◎荒川車庫　1972（昭和47）年5月3日　撮影：矢崎康雄

**梶原を発車して荒川車庫前を目前に快走する
㉗系統三ノ輪橋行きの2500形**

王子電軌時代の雰囲気をそのまま残していた時期の梶原付近から荒川車庫前方向を望んだスケッチである。細おもての2500形は1963（昭和38）年12月に廃止された狭軌の杉並線（⑭系統、新宿駅前〜荻窪）から改軌のうえ転属してきた車両で、同線で最後まで木造車体で残っていた2000形50番代8両を1958〜59（昭和33〜34）年に富士重工のバス車体方式で鋼体化したもの。荒川線の㉗㉜で活躍したが、車体幅が狭く、やがて早稲田車庫の⑮㊴系統に転用された。台車はエアサスに改造されていて乗心地は良かった。
◎梶原〜荒川車庫前
1965（昭和40）年9月4日
撮影：日暮昭彦

王子駅前を発車して三ノ輪橋に向う㉗系統の3000形
王子駅前は国鉄駅に連絡する分岐停留場として、王電の時代、都電の時代を通じての要衝である。右が早稲田、赤羽行きのホームで、すぐ右上には東北本線が土盛り高架で通っていて、京浜東北線の王子駅ホームがある。現在は東北新幹線が頭上を通過していて、撮影時より展望は利かなくなっている。左は荒川車庫前、三ノ輪橋方面行きのホーム。中線に停車中の3000形は⑲系統（王子駅前〜通三丁目）の折返し電車である。都内線の都電廃止後、残存の都電路線が「荒川線」となった現在は、1本化して三ノ輪橋〜早稲田間の通し運転となっているが、王子駅前停留場の活気は失われていない。
◎王子駅前　1965（昭和40）年8月23日
撮影：日暮昭彦

王子駅前停留所に停車中の「荒川線」7000形（左）と、7500形（右）
都内の都電路線が廃止され、残った㉗系統と㉜系統を一本化して1974（昭和49）年10月1日に「荒川線」と改称された後の撮影である（㉗系統の王子駅前〜赤羽間は廃止済み）。運行も三ノ輪橋〜早稲田間に一本化されたので利用しやすくなった。施設と車両の改良も一気に進んで、停留場ホームのかさ上げを行って電車のステップを廃止、乗降もしやすくなった。左の7000形はワンマン化の際に車体を新造したもの、右の7500形は同じくワンマン化の際にステップ前後の扉を引き戸にして絞りを廃したため、表情がイビツになったもの（後に車体を新造して解消）。このあと荒川線には新型車両が続々と登場した。
◎王子駅前
1977（昭和52）年12月14日
撮影：矢崎康雄

赤羽から王子駅前に到達して三ノ輪橋に向う㉗系統の3000形
赤羽から北本通りの併用軌道を走ってきて、王子駅前停留場に入ろうとする㉗系統三ノ輪橋行きの3000形電車である。左から
合流してくる線路は早稲田からやってきた㉜系統で、王子駅前は両系統の分岐・合流点になっていた。元は両線を結ぶ複線も

道路上にあって三角線を成していたが、あまり使うこともないのと自動車のスリップ防止のため撤去された。どちらに向うにも急カーブのため、ビューゲルが架線に絡まって復旧に難儀する光景が時に見られた。
◎王子駅前　1966（昭和41）年8月13日　撮影：日暮昭彦

王子駅前から北本通り（岩槻街道）を赤羽に向う㉗系統の7000形
京浜東北線王子駅前は国電（ＪＲ）の車窓からは全貌がつかみにくいが、都電の停留場を出て赤羽方向に向うと、飲食店、日用品、文化施設を主体とした繁華街が広がっている。写真の手前背後が王子駅前停留場とバス乗降広場、正面奥が赤羽方向である。都電㉗系統の利用客は王子駅前で段差があったが、乗車率は良い方であった。
◎王子駅前　1972（昭和47）年11月11日　撮影：矢崎康雄

北本通り（岩槻街道）を三ノ輪橋から赤羽に向う㉗系統の6000形
都電㉗系統の王子駅前〜赤羽間は北本通り（正式には岩槻街道の一部）の併用　軌道区間となっていた。国鉄線からは離れているため、地域の利用客が多かった。都電の廃止後は東京メトロ南北線（目黒〜赤羽岩淵）の開業により利便性が一気に増した。南北線は埼玉高速、東急目黒線との相互直通乗入れによって浦和美園〜赤羽岩淵〜駒込〜四ツ谷〜目黒〜日吉間が直通し、山の手の新しいルートを開拓した。写真の志茂一丁目付近に東京メトロ志茂駅が開設され、街の景観も大きく変っている。
◎志茂　1972（昭和47）年11月11日　撮影：矢崎康雄

北本通り神谷三丁目を赤羽に向う㉗系統の8000形
㉗系統の併用区間らしい風景の1つ。沿道には大きな盛り場もない代りに、中・低層建ての商店・町工場・住宅が続き、所どころに中小のビルの姿があった。奥に入ると住宅の密集地で、戦前戦後の木造住宅が並んでいた。表通りも路地裏も生活感にあふれていて、下町の外周部らしい光景を眼にすることができた。◎神谷三丁目　1970（昭和45）年9月4日　撮影：井口悦男

北本通り志茂付近を進む㉗系統の8000形
㉗系統の併用区間は、一部の低層ビルが見られた他はほぼこの一帯と同様の景観が続いていた。王子、赤羽駅周辺は繁華だったが、その中間や沿道には小規模な商工業者と住宅が密集していた。東北出身者の多いのが特色で、どこか東北の地方都市を思わせる雰囲気もあったが、現在はビルが林立し、街は大都会の顔に変っている。
◎志茂　1970（昭和45）年9月4日　撮影：井口悦男

赤羽停留場に停車中の㉗系統三ノ輪橋行きの8000形
赤羽の終点は北本通り（国道122号。岩槻街道）の岩淵にあった。ここは現在、道路下に東京メトロ南北線の赤羽岩淵駅が設置されており、相互直通乗入れにより浦和美園〜日吉間を運行するメトロ南北線・埼玉高速線・東急電鉄線の車両が見られ、近く相鉄線の車両も加わる予定である。しかし都電の時代から国鉄（ＪＲ）赤羽駅とは約840mほど離れており、商店街の中を徒歩約10分での連絡という構図は変っていない。写真の右手奥に赤羽駅に通じる道があり、背後は直角に右折してすぐ新荒川大橋を渡り、川口、岩槻方面に122号線が続いている。◎赤羽　1966（昭和41）年8月13日　撮影：日暮昭彦

赤羽終点で乗客を降ろした㉗系統の7000形
㉗系統の赤羽終点は北本通り（岩槻街道の一部）の終点でもあった。岩槻街道は写真右奥のＴ字路を右折して新荒川大橋を渡って川口、鳩ケ谷、岩槻方面に向う。そのため交通量が多く、慢性的な渋滞が発生する地点だった。左奥に国鉄（ＪＲ）の赤羽駅があり、都電とは離れていた。現在は北本通りの真下に東京メトロ南北線の赤羽岩淵駅があり、利便性が増している。沿線風景も道路拡張とビル化が進んで、写真のような光景は見られなくなっている。◎赤羽　1970（昭和45）年9月4日　撮影：井口悦男

28系統 (錦糸町駅前～都庁前)

【担当：錦糸堀電車営業所　営業キロ数：錦糸町駅前～都庁前間11.12km　廃止：1972 (昭和47) 年11月12日】

　江東地区と都心部、都庁を結ぶ幹線系統だった。錦糸堀から四ツ目通りを南下して東陽町、洲崎に至る区間は、震災後の市電拡充期に城東電軌との競り合いの中で開業したもので、市電では最東端の路線となった。東陽公園前～洲崎間は城東電軌との路線共用区間だったが、1942 (昭和17) 年の旧城東電軌路線市営化で解消した。㉘系統は木場・富岡町・深川不動尊前・門前仲町、茅場町・日本橋、

丸ノ内・東京駅降車口前・乗車口前 (後の東京駅丸ノ内北口・南口) を経て都庁前に至る変化に富んだ路線で、利用客もそれらのブロックごとに多かった。昭和40年代に入って都内線の廃止が進むと日本橋までに短縮されたが、1972年11月12日の下町の都電全廃の日まで走り続けた路線の1つであった。

停留場 1962 (昭和37) 年当時

錦糸町駅前 / 錦糸堀 / 住吉町二丁目 / 猿江町 / 扇橋二丁目 / 千田町 / 千石町 / 豊住町 / 東陽公園前 / 洲崎 / 木場三丁目 / 木場一丁目 / 富岡町 / 不動尊前 / 門前仲町 / 永代二丁目 / 佐賀町一丁目 / 永代橋 / 新川一丁目 / 茅場町 / 日本橋 / 呉服町 / 丸ノ内一丁目 / 東京駅丸ノ内北口 / 東京駅丸ノ内南口 / 都庁前

小名木川橋を渡ると清洲橋通りとの交差点、都電の停留場名は「扇橋二丁目」、㉘系統日本橋行きの7000形が停車中

江戸初期に開削され、水運の要となった小名木川を越えると (写真後方の坂の上が小名木川橋)、四ツ目通りはすぐ清洲橋通りとの交差点に出る。停留場名は「扇橋二丁目」で小名木川とは無縁だが、1930 (昭和5) 年の開通時には「小名木川橋」停留場だった。それを1953 (昭和28) 年に「扇橋二丁目」と改称したものである。「扇橋」とは四ツ目通りの西を南北に流れる大横川に架けられた橋の名で、町名にもなり、小名木川には「新扇橋」が架り、「扇橋閘門」と一部を埋立てによる「扇橋河川公園」も生れて、扇橋の方が知名度を揚げている。都電廃止後の地下鉄路線を示しておくと、錦糸町から四ツ目通りの下を走って来た東京メトロ半蔵門線は、住吉駅で都営新宿線と交差したあと扇橋二丁目で清洲橋通りに曲り、清澄白河、水天宮方面へ去っていく。四ツ目通りが地下鉄路線と再会するのは、さらに南下して永代通り・東陽町での東京メトロ東西線である。
◎扇橋二丁目　1971 (昭和46) 年1月4日　撮影：荻原二郎

錦糸町駅前停留場に並んだ㉘系統（右）、㊱系統（左）の3000形
錦糸町駅の南口は江東地区の都電最大のターミナルで、東西に走る京葉道路上には㉕系統（西荒川〜日比谷公園）、㉙系統（葛西橋〜須田町）、㊳系統（錦糸堀車庫前〜日本橋）が行き交い、その中心は駅至近の「錦糸堀」「錦糸堀車庫前」の２停留所だった。しかし系統によっては乗降・乗換えに不便が伴ったので、1958（昭和33）年５月に四ツ目通りを南下していく㉘系統（錦糸町駅前〜都庁前）、㊱系統（錦糸町駅前〜築地）のために錦糸堀〜錦糸町駅前間0.1kmを延長して利便性の向上をはかった。写真は四

ツ目通り路上の新設停留場を俯瞰したもので、左が錦糸町駅、右が江東楽天地（映画館、飲食、ショッピング街）、正面が総武本線のガード。ガードを越えた北口には⑯系統（大塚駅前〜錦糸町駅前）の停留場があり、南北の駅前停留場は容易に結べたが、接続されることは無かった。現在はガードの南北にまたがって道路下に東京メトロ半蔵門線の錦糸町駅が設けられている。
◎錦糸町駅前　1969（昭和44）年2月2日　撮影：荻原二郎

錦糸町駅前に並ぶ2両の3000形、㉘系統の日本橋行き（右）と、㊱系統の築地行き（左）
この停留場は㉘㊱系統のために錦糸堀停留場から分離して1958（昭和33）年に四ツ目通りの錦糸町駅前に新設されたものである。奥のガードは総武線。中央・総武緩行線の101系の姿が見える。ガードを越えた北口には⑯系統（大塚駅前〜錦糸町駅前）の駅前停留場があった。右のビルは映画館、飲食街が集まる江東楽天地。戦前戦後を通じて江東地区きっての娯楽の殿堂として人気を集めていた。◎錦糸町駅前　1971（昭和46）年3月16日　撮影：矢崎康雄

錦糸町駅前の四ツ目通りと京葉道路（横方向）の交差点を越えて、
錦糸町駅前停留場に進む㉘系統の3000形（前）と、㊱系統の3000形（後）
都電華やかなりし時代の檜舞台の1つがこの地点だった。大きくカーブしている渡り線は、右奥の京葉道路に面していた錦糸堀車庫への回送線用で、定期運行の系統は無かった。左角の黒いビルは元・城東電気軌道の錦糸町停留場（建屋奥に1面2線の乗降場があった）の後身で、都営後の戦後は「江東デパート」として小規模な商業施設として使われていた。昭和40年代初期の都電廃止が始まった頃は館内で都電部品の販売会などが開かれていた。
◎錦糸町駅前　1969（昭和44）年2月2日　撮影：荻原二郎

四ツ目通りを南下、首都高速7号小松川線を潜り、毛利町停留場に停まる㉘系統日本橋行きの3000形

錦糸堀から四ツ目通りを南下して堅川の頭上に築かれた首都高速7号小松川線を潜ると墨田区から江東区に入り、最初の停留場が毛利町。戦前から商工業の街が広がっていたが、通りの東には横十間川の川岸に達する広大な猿江恩賜公園が広がっている。旧幕府の貯木場の跡地で、下町では貴重な緑の公園・運動場である。都電なき後の公園は東京メトロ半蔵門線住吉駅から徒歩2分の地となっている。写真は奥が錦糸町方面。首都高速7号線の高架が見える。その下には堅川が流れており、四ツ目通りの「四之橋」が架っているため道路は太鼓橋状に盛上がって見える。
◎毛利町　1970（昭和45）年12月21日　撮影：荻原二郎

四ツ目通りを南下、猿江町停留場に停まる㉘系統日本橋行きの8000形

錦糸堀から東陽公園前までの四ツ目通りを通る都電（猿江線）は、沿道の工業地帯への急激な発展に合せて1929〜30（昭和4〜5）年に開通したもので、戦災により景観は変ったが、戦後も沿道には商工業の渾然とした街並みが広がっていた。現在は建物の高層化により景観は変り、高層のマンション等が増えている。◎猿江町　1971（昭和46）年1月4日　撮影：荻原二郎

千石町を洲崎へ向う㉘系統の7000形
千田町、千石町…と関東大震災、戦災で甚大な被害を受けたが復興を果した街を㉘系統の都電は進む。千石では川南小学校、川南公園の脇を通るのでちょっと触れておくと、1923（大正12）年9月の関東大震災後の復興事業の1つとして、東京市では鉄筋3階建ての耐震・耐火建築の「復興小学校」を1930（昭和5）年までに市内に117校建設した。被害の大きかった旧・深川区

には15校が建設され、うち7校は防災を兼ねた小公園付きだった。四ツ目通り沿道の復興小学校と小公園は、千石町の川南小学校と川南公園、東陽小学校と東陽公園である。マンションと企業の高層ビル街になった現在も、それらは健在で（校舎は改築されているが）、近代の歴史を今に伝えている。◎千石町　1971（昭和46）年1月4日　撮影：荻原二郎

豊住橋で仙台堀川を渡り、日本橋へ向う㉘系統の3000形
千田町から至近の豊住橋は、旧中川と隅田川を結んでいた運河の「仙台堀川」を越える橋で、川を越えると東陽町の江東区役所前に出る。仙台堀川は仙台藩蔵屋敷への米を始めとする物資輸送に供された運河だったが、戦後は四ツ目通りより少し上流で交差する大横川を境に隅田川方面への西側は運河、旧中川に向う東側は親水公園に姿を変えた。理由は昭和初期以来の地盤沈下によるもので、西側は海面と同水面だが、東側は海水の流入を止めて地面より低い位置に水位を保っている。親水公園は3.7kmに及ぶ都内最大の親水施設のある公園になっている。撮影当時の風景は消えて、現在は高層のマンションが密集しているが、都電に代る地下鉄路線は無く、最寄り駅は東京メトロ東西線の東陽町駅である。
◎豊住橋　1971（昭和46）年1月4日　撮影：荻原二郎

東陽公園前で四ツ目通りから永代通りに右折する㉘系統都庁前行きの3000形
錦糸町駅前から四ツ目通りを南下してきた㉘系統は、永代通り（千代田区大手門交差点〜江東区清砂大橋西詰交差点）との交差点を右折する。1停留場東の南砂二丁目（旧・南砂町四丁目）で永代通りに合流していた㉚系統（錦糸堀車庫前〜日本橋）とここから線路を共用して木場、門前仲町、日本橋方面に向う。東陽公園前は都電時代からの要衝で、交差点角地の東陽公園はランドマークの1つ。それに並んで東京メトロ東西線の東陽町駅が永代通りの下にあり、車両基地が近いことから出入庫・始発電車も多く混雑度の高い同線の中核駅になっている。永代通りは撮影時には往昔の面影が濃かったが、現在は高層マンションが密集している。
◎東陽公園前
1971（昭和46）年1月4日
撮影：荻原二郎

江東区役所の最寄電停だった東陽五丁目（旧・深川平井町）停留場に到着した㉘系統3000形

旧・深川区役所は隅田川に沿う清澄通り沿道の平野二丁目にあったが、1973（昭和48）年に東陽四丁目に移転した。区役所のほか江東文化センター、都立江東養護学校が敷地の並びにある。斜め向かいには都立深川高校があり、永代通りとの交点・東陽町にも近い。都電廃止後は東京メトロ東西線・東陽町駅が最寄り駅となっている。
◎東陽五丁目　1971（昭和46）年1月4日　撮影：荻原二郎

東陽公園前停留場に到着の㉘系統錦糸町駅前行きの7000形
営団地下鉄（⇒東京メトロ）東西線が中野方面から延伸してきて東陽町駅が開業したのが1967（昭和42）年9月14日のこと、2年後の1969年3月29日に東陽町〜西船橋間が開通して東西線は全通した。中央快速線、総武線のバイパス路線として誕生した路線だけに当初から利用客が多く（特に千葉県側）、朝夕2分30秒間隔、日中5分間隔運転という盛況ぶりだった。東陽町に

限らず都内では地下鉄の新設・躍進によって都電の役割は終りに近づいた観があったが、下町では暮しに欠かせない生活路線として存続を続けた。が、1972（昭和47）年11月12日に最後まで残っていた下町地区の都電は廃止となった。現在の下町地区を南北に結ぶ交通機関が不足し、都バス路線が混み合っているのを見ても、その解決策にはＬＲＴか地下鉄の新設が必要という声が強い。◎東陽公園前　1971（昭和46）年１月４日　撮影：荻原二郎

永代通り洲崎を進む
㉘系統日本橋行きの7000形

東陽公園前の次が洲崎。江戸初期の元禄
時代、日本橋方向に向って左手に遠浅の東
京湾を埋立てて景勝の小島が誕生、維新
後も行楽地として栄えていたが、1888（明
治21）年に下谷根津の遊郭が近接の本郷
に建設が決定した東京帝国大学にとって
好ましからず、ということで洲崎の小さな
島に移転してきた。島は海（後に埋立てが
進み運河）に囲まれた一種の出島となり、
遊客は現・永代通りから洲崎橋を渡って
大門（おおもん）をくぐり、大門通りの東
西を碁盤目に整地した郭内に進んだ。以
後吉原をしのぐ繁盛ぶりだったが、戦中は
軍需工場に転用され、さらに戦災で全滅
した。戦後は東半分が「洲崎パラダイス」
として名を馳せたが、1958（昭和33）年の
売春禁止法により廃止。以後は閑静な住
宅地となり、現在はビジネスホテル、マン
ションが建ち並んだ。都電の旧「洲
崎」停留場に近い信号名は東陽三丁目で、
洲崎の名は残っていない。なお、旧・城東
電気軌道と東京市電は東陽公園前〜洲崎
間の線路を共用し、事実上の相互乗入れ
を行っていた。戦後は都電の⑮系統（高田
馬場駅前〜茅場町）も朝夕は洲崎まで乗入
れていた。
◎洲崎
1971（昭和46）年1月4日
撮影：荻原二郎

汐見橋を渡り富岡町停留場に着いた
㉘系統日本橋行きの7000形

木場を過ぎ、北の仙台堀川と南の大横川を
結ぶ平久川に架る汐見橋を渡ると富岡町
に着く。ゼロメーター地帯のため、橋はみ
な盛上がって太鼓橋状になっている。こ
こも橋から坂を下った所が停留場になっ
ていた。撮影時にも高層マンションの建
設は始まっていたが、現在は高層ビルと
マンションが林立している。背後は富岡八
幡宮、深川不動堂が間近である。
◎富岡町
1970（昭和45）年12月9日
撮影：荻原二郎

早朝の門前仲町交差点
終日にぎわう門前仲町も、早朝には人も車も少なくて別世界の顔を見せる。電車は㉘系統の8000形。都電の将来を見越して低コストで造られた経済車で、揺れと騒音が大きくて都民にはあまり好まれなかったが、ただ1つ、軽量設計のため路面電車としては破格のスピードが出せた点で人気もあった。特に下町の直線の広い道路では、クルマの邪魔が入らない早朝深夜には猛ス

ピードで走っていた。写真の8000形も東陽町、木場方面を駿足で駆け抜けてきたように見える。右奥には深川不動尊と富岡八幡宮の門前町がつづき、手前は清澄通りとの交差点で、月島に向う㉓系統との交点だった。
◎門前仲町　1970（昭和45）年10月29日　撮影：荻原二郎

永代通りの門前仲町停留場に進む㉘系統錦糸町駅前行きの3000形
永代通りと清澄通りが交差する門前仲町は、永代通りの都電㉘系統（錦糸町駅前〜都庁前）・㊳系統（錦糸堀車庫前〜日本橋）・⑮系統（高田馬場駅前〜洲崎）と、清澄通りの㉓系統（福神橋〜月島通八丁目）との交点でもあり、要衝として賑わっていた。都電廃止後は東京メトロ東西線と都営大江戸線の門前仲町駅が交差していて要衝としての利便性はさらに向上している。現在は高層ビルが並び、自動車も増えて撮影当時の面影は残っていない。◎門前仲町　1970（昭和45）年10月29日　撮影：荻原二郎

深川のビジネス街でもあった門前仲町交差点から永代二丁目を行く都電
永代通りの門前仲町から永代二丁目にかけては銀行、信用金庫、保険会社の支店が多く、深川地区の金融・ビジネスの街になっていた。写真は古典的な建築を残していた永代信用金庫前で行き交う㉘系統錦糸町駅前行きの3000形（右）と、㊳系統日本橋行きの6000形（左）。建国記念の日のため、両車とも車体隅に国旗を掲揚している。
◎永代二丁目　1968（昭和43）年2月11日　撮影：荻原二郎

永代橋西交差点にあった永代橋停留場から茅場町、日本橋方面を望む

永代橋を中央区側に渡ると永代橋西交差点が鍛冶橋通りとのY字路になっていて、左手には八丁堀、鍛冶橋、都庁前、日比谷方面を経由する⑤系統（目黒駅前〜永代橋）の停留場があったが、永代通りの㉘㊳系統の永代橋停留場（写真）と線路はつながっていなかった。戦中に一時接続したが、廃止後は線路の撤去跡（車道と区切る縁石）が長らく残っていた。永代通りはこの先新川一丁目を経て茅場町、日本橋へと進む。永代橋西交差点からは前方にそのビル群が見えていた。
◎永代橋
1968（昭和43）年2月11日
撮影：荻原二郎

「帝都東京の門」と称された美しい永代橋を渡る都電

永代橋は江戸初期の1698(元禄11)年創架の木橋で、何度か架け替えられてきたが、1897(明治30)年に日本初の道路専用の鉄橋として鋼製橋に変ったが、一部に木材を使用していたため1923(大正12)年9月の関東大震災で焼失した。大震災の復興事業の1つとして1926(大正15)年に再建された鉄橋が現在の永代橋である。2代目鉄橋のモデルはドイツのケルン市にあったルーデンドルフ鉄道橋(通称レマゲン鉄橋。第2次大戦後廃止)で、下路式スチールアーチ式の橋は優雅にして力に満ちており、隅田川河口からみて本流に架る最初の橋にふさわしい姿は「帝都東京の門」と称賛された。都電の時代、自動車洪水の時代を経て現在も変らぬ姿を見せている。2000(平成12)年に土木遺産に選定され、2007(平成19)年に勝鬨橋、清洲橋と共に国の重要文化遺産に指定された。電車は㉘東京駅前行きの3000形(前)、㊳日本橋行きの6000形(後)。
◎永代橋　1968(昭和43)年2月11日　撮影：荻原二郎

茅場町交差点を過ぎて錦糸町駅前へ向う㉘系統の3000形

永代通りに面している日本のウォール街・茅場町は、道路下を並走する地下鉄東西線では日本橋駅〜茅場町駅間の0.5kmに過ぎず、都電でもすぐに通り抜けてしまう距離だった。写真は茅場町内ながら、少し進めば亀島川に架る霊岸橋を渡るという地点での撮影。金融街の堅苦しさが消えて、オフィスビル街である。左の「澁澤倉庫」は1897(明治30)年に澁澤栄一が深川で創業した倉庫会社で、1923(大正12)年に本社を茅場町の写真の位置に移転したもの。昭和期に入ると全国的に倉庫業を拡大し、現在は総合物流業の大手になっている。写真のビルは現在、高層のオフィスビル「渋沢シティプレイス」になっている。画面の他のビルも高層化され、茅場町から永代橋に続くオフィス街になっている。
◎茅場町
1971(昭和46)年3月16日
撮影：矢崎康雄

証券・金融の街、茅場町停留場から錦糸町駅前に向う㉘系統の3000形
永代通りが日本橋茅場町に入ると空気が一変し、沿道には証券会社と銀行が密集している。我が国の経済を動かす兜町、茅場町の金融街で、ここを行く都電も威儀を正して進む印象となっていた。利用客もビジネス客が多くなり、下町区間とはひと味以上に車内の雰囲気に変化が見られた。奥の高架は首都高速環状線。旧千代田川の上に建設された。
◎茅場町　1970（昭和45）年1月24日　撮影：荻原二郎

茅場町交差点で行き交う
㉘系統錦糸町駅前行きの7000形（右）
と日本橋行きの7000形（左）

永代通りに沿う日本橋兜町、日本橋茅場町、日本橋は一体化した金融街で、沿道には銀行・金融・証券会社が建ち並んでいた。ここを通り抜ける都電は㉘錦糸町駅前〜都庁前、㊳錦糸堀車庫前〜日本橋のほか⑮高田馬場駅前〜茅場町（ラッシュ時は洲崎）の3系統があって利用しやすくなっていた。現在は東京メトロの茅場町駅（東西線・日比谷線）、日本橋駅（東西線・銀座線）、都営浅草線の日本橋駅（旧・江戸橋駅）が都電に代る交通機関となっており、大手町と並んで利便性は高い。現在は茅場町から日本橋にかけても高層ビル化が進み、証券業務のデジタル化・分散化でオフィス街の景観に近づいたため、「金融街」のイメージは薄らいでいる。

◎茅場町
1971（昭和46）年3月1日
撮影：荻原二郎

東急百貨店日本橋店（旧・白木屋日本橋本店）前から呉服橋方向を望む
右のビルが東急百貨店日本橋店。日本橋交差点の東北角にあり、ここで交差していた中央通りの都電の姿はすでに1971（昭和46）年3月に消えていた（中央通りを走っていた多数の系統のうち万世橋〜通三丁目間が残っていた⑲系統が日本橋地区の中央通りでは最後の都電となった）。写真は奥が呉服橋、大手町方面で、沿道のビルは西へ進むほどビジネス街の様相を強めていた。◎日本橋　1972（昭和47）年4月19日　撮影：荻原二郎

**日本橋交差点から中央通りを越えて
錦糸町駅前に向う⑳系統の3000形**
中央通りと永代通りが交わる日本橋交差点では、中央通りのこの地区の都電のうち最後まで残っていた⑲系統（王子駅前〜日本橋〜通三丁目）が1971（昭和46）年3月に廃止となり、永代通りの㉘㊱系統だけが生き残っていた。写真の右下交差点部分には、中央通りの撤去された線路の一部が交差箇所に未撤去で残っているのが見える。
◎日本橋
1972（昭和47）年4月19日
撮影：荻原二郎

呉服橋交差点の近くを大手町方向に進む㉘系統の3000形

呉服橋一帯は日本橋から続くビジネス街だが、この地点まで来ると国鉄（ＪＲ）の本拠地の薫りが強まってくる。1914（大正3）年開業の東京駅も、最初は呉服橋に仮停留場が設けられた隣接地である。撮影当時はそうでもなかったが、その後の東京駅の膨張で呉服橋は乗降口の新設・拡張、高速バスの発着所として発展を遂げ、現在は八重洲口と並ぶ繁盛ぶりを見せている。都電の時代には呉服橋交差点で⑰系統（池袋駅前〜数寄屋橋）が交差していたが、撮影から半年後の同年10月に㉘と共に廃止となった。◎呉服橋　1969（昭和44）年4月11日　撮影：荻原二郎

東京駅丸ノ内北口前を都庁前に向う㉘系統の3000形
右が東京駅丸ノ内北口。旧降車口で、三角屋根は戦災の応急復旧後の姿だった。現在は完全復原工事により、開業時と同じ丸屋根に戻されている。中央遠景のビルは日本ビル、左の大きなビルが当時の国鉄本社ビルで、左部分が新館である。このビル前を一巡する南口の中央郵便局前のループとシンメトリーとなる市電（都電）の単線ループ線の計画があったが、実現しなかった。戦後は国鉄本社前が東京北東部方面への長距離都営・民営バスのターミナルになり、都営・国際・関東・西武・東武・京成バスが多数発着していたが、昭和40年代に順次廃止となった。
◎東京駅丸ノ内北口　1969（昭和44）年1月1日　撮影：矢崎康雄

**東京駅前、丸ビルの前を終点・
都庁前へ進む㉘系統の8000形（前）と
3000形（後）**

東京駅丸の内南口（旧・東京駅乗車口）前
から見たもので、正面は丸ノ内ディング
（丸ビル）。1923（大正12）年竣工のオフィ
スビルで、戦前は我が国最大のビルだっ
た。2002（平成14）年に改築、高層化さ
れ、原形デザインが正面低層部に残され
た。右奥には行幸通りをはさんで新丸ビ
ル（1952年竣工）があり、同じく高層化さ
れた。この2棟と復原された東京駅が丸
の内にふさわしい美的空間を創り出して
いる。
◎東京駅前
1962（昭和37）年5月10日
撮影：荻原二郎

東京駅丸の内北口前に到着した㉘系統東京駅前止りの8000形

呉服橋からやや進んで国鉄線の高架をくぐると丸の内一丁目。㉘系統は左に分岐して国鉄高架線に沿って進むと東京駅丸の内
北口前（旧・東京駅降車口前）の停留場に着く。北口で乗降する通勤客の流れと都電の組合せが絵になる場所で、都電なき今も
通勤風景はＴＶに登場することが多い。撮影時、駅前左手には国鉄本社ビルが威容を誇っていたが、東京駅丸の内口側は戦災
応急復旧の姿だった。その後、2007～12（平成19～24）年に東京駅の丸の内側駅舎の完全復原工事が行われ、現在は原型に
復した美しい姿を見せている。この都電停留所からは国鉄本社前を一巡して大手町に戻る単線ループの未成線境界縁石が分岐
していて、いつでも線路が敷ける状態になっていたが、戦中の補修放棄、戦後の舗装改修で姿を消した。
◎東京駅丸の内北口前　1969（昭和44）年2月22日　撮影：荻原二郎

東京駅前、都庁前から
中央郵便局横を通り錦糸町方面に向う
㉘系統の3000形
右が東京中央郵便局、左が東京駅丸の
内南口および東海道・横須賀、山手・
京浜東北線の高架線で、高架に沿って
都内観光「はとバス」の乗り場がある。
1926（大正15）年5月から戦中の1944
（昭和19）年5月まで、三菱1号館⇒中
央郵便局前をひと回りする単線のルー
プ線があり、この位置で合流、⑤系統
（目黒駅前～東京駅前）が折返しに使っ
ていた。戦後は中央郵便局前の元ルー
プ線停留場跡が東京西南部方面への長
距離都営・民営バスのターミナルにな
り、都営・東急・京王・小田急のバス
が頻繁に発着していた。が、昭和40年
代に順次分断・廃止され、現在は東急
バスの東98系統（東京駅丸の内南口～
等々力〔とどろき〕操車場）のみが残っ
ている。
◎東京駅丸の内南口前
1969（昭和44）年2月22日
撮影：荻原二郎

古絵葉書で都電の未成路線を見る（絵葉書所蔵・生田誠）

本シリーズでは都電の数多かった予定線や未成路線についても随時取上げているが、それらは1965年前後までに全て姿を消してしまったので、その実態を古絵葉書で振り返ってみることにした。

■東京駅降車口前のループ予定線

東京駅前に市役所前（後の都庁前）まで行く市電が敷設されたのは1921（大正10）年3月のことで、中央郵便局前を経由する乗車口（現・丸ノ内南口）側のループ線（単線）が開通したのは

【写真2】

1926（大正15）年のことだった。これと対称になる降車口（現・丸ノ内北口）側のループ線はいつ工事が行われたのかは不明だが、昭和初期の絵葉書には縁石入りの予定線がくっきりと写っている。【写真1】は自動車の型から見て昭和初期の撮影で、縁石で区画された予定線はアスファルト舗装されている。ここは現在の「丸の内オアゾ」の正面で、当時は左手が鉄道省（戦後の国鉄本社）ビルだった。右手奥には工事中らしい中央郵便局が見える。

【写真2】は戦後1948（昭和23）年に発行された「東京駅復興記念絵葉書」の1枚で、戦災で焼失した東京駅が応急復旧で三角屋根と2階建てに変った姿が写っている。ループの予定線は簡易舗装で半ば埋もれているが、横断歩道の部分には縁石がかすかに見える。この場所は長距

離路線バスのターミナルとなり、本格舗装ですべては消えてしまった。右の小さな安全地帯は戦前の増設で、その後撤去された。

■浅草国際劇場前の国際通りにあった予定線

　松竹直営の国際劇場は1937（昭和12）年7月に開場し、松竹少女歌劇（SKD）、芝居の実演、映画で人気を呼ぶ大劇場となった。劇場前の大通りが国際通り（台東区蔵前～三ノ輪）で、田原町付近を除いた全区間に複線分の予定線の縁石が埋め込まれていた。特に国際劇場の付近は車道が白っぽいセメント打ち、縁石内が黒っぽいアスファルト舗装だったので「色違い」で予定線の存在が目立っていた。【写真3】の道路上の黒い筋が縁石内の予定線である。昭和40年代に改修で姿を消し、国際劇場も1982（昭和57）年に閉場して、現在は浅草ビューホテルになっている。道路下にはつくばエクスプレスの浅草駅が開業している。

■清洲橋通り明治座前の予定線の変化

　清洲橋通り（台東区入谷～江東区東砂）のうち、入谷～浜町付近は関東大震災復興事業で道路整備が早く行われ、併せて市電（都電）の予定線用の縁石が埋められた。【写真4】は昭和1ケタ時代の浜町明治座前の清洲橋通り。道路中央に縁石で区画された複線分の市電予定線の姿がよくわかる。【写真5】は同じ場所の昭和10年代の写真で、予定線ははっきり見えないが存続している。道路中央の白いコンクリートは横断歩道用の安全地帯で、昭和10年頃から都内の要所に設置された。交通信号が少なく、自動車が増えてきたので歩行者の安全のために設置が進んでいた。ここでは市電の予定線の縁石などを無視して安全地帯を設置しているが、同じ光景は市内の各所に見られた（浅草国際劇場の前にも設けられていた）。戦後、占領軍から自動車の邪魔になるということで撤去を命じられて姿を消した。明治座前の予定線は元の姿に戻り、1964東京オリンピック直前の道路改修まで"縁石道路"の姿を留めていた。

【写真1】

【写真3】

【写真4】

【写真5】

あとがき

　第6巻では下町の深川、城東地区の都電が登場し、そのメッカであった錦糸町（都電では錦糸堀）に集まる主な系統を取上げた。同じ下町でも歴史のある深川地区とは対照的に、錦糸町とその周辺部は明治末期から工業地帯として急速に開発が進んだ地域で、戦前までは密集住宅地、大工場・町工場の広がる煤煙の街であった。総武線、都電共に通勤客が殺到し、早い時期からラッシュ時の混雑が生れていた。一方、城東・江東地区から両国、神田、大手町、日比谷へ向う系統、および茅場町、日本橋、丸ノ内、東京駅へ向う系統は、下町とは全く異質の街を結んでいて、コントラストの妙が味わえた。しかし下町区間が主役で、都心部では比較的閑散としていた。これは東京駅の周辺が一大ビジネス街で、市民の街ではなかったことによる。本巻はそんなところもご覧いただけたらと思っている。

2022（令和4）年8月　三好好三

三好好三（みよしよしぞう）

1937（昭和12）年12月、東京市世田谷区豪徳寺生れ。1950（昭和25）年9月以降は武蔵野市吉祥寺、1981（昭和56）年9月以降は小金井市に居住。国学院大学文学部卒、高校教諭を経て鉄道読み物執筆を続ける。主な著書『鉄道ライバル物語 関東vs関西」「昭和30年代バス黄金時代」「中央線 街と駅の120年」「中央線オレンジ色の電車今昔50年」「近鉄電車」（以上JTBパブリッシング）、「昭和の鉄道」（小学館）、「よみがえる東京 都電が走った昭和の街角」（学研パブリッシング）、「京王線・井の頭線 昭和の記憶」（彩流社）、「常磐線 1960年代〜 90年代の思い出アルバム」（アルファベータブックス）など多数。

【写真撮影】

井口悦男、江本廣一、小川峯生、荻原二郎、高井薫平、田尻弘行、田部井康修、
日暮昭彦、矢崎康雄、安田就視

はっくつしゃしん
発掘写真で訪ねる
都電が走った東京アルバム　第6巻（23系統〜28系統）

発行日 ·················· 2022年10月1日　第1刷　　※定価はカバーに表示してあります。

著者 ····················· 三好好三
発行人 ··················· 高山和彦
発行所 ··················· 株式会社フォト・パブリッシング
　　　　　　　　　　〒161-0032　東京都新宿区中落合2-12-26
　　　　　　　　　　TEL.03-6914-0121 FAX.03-5955-8101
発売元 ··················· 株式会社メディアパル（共同出版者・流通責任者）
　　　　　　　　　　〒162-8710　東京都新宿区東五軒町6-24
　　　　　　　　　　TEL.03-5261-1171 FAX.03-3235-4645
デザイン・DTP ········· 柏倉栄治（装丁・本文とも）
印刷所 ··················· 株式会社シナノパブリッシングプレス

ISBN978-4-8021-3358-6　C0026

本書の内容についてのお問い合わせは、上記の発行元（フォト・パブリッシング）編集部宛ての
Eメール（henshuubu@photo-pub.co.jp）または郵送・ファックスによる書面にてお願いいたします。